Ernst Crameri

Bist du ein Mörder?

Ich habe mein Tier einschläfern lassen

Hilfe aus diesem Dilemma

Mein aufrichtiger Dank gilt

Gisela Nehrbaß
Ohne ihre Beteiligung und Motivation,
wäre dieses Buch nicht entstanden

Steffen Bilawni
Für die Satz- und Covergestaltung

Bibliografische Information der Deutschen Nationalbibliothek
Die Deutsche Nationalbibliothek verzeichnet diese Publikation
in der Deutschen Nationalbibliografie; detaillierte bibliografische Daten sind im
Internet über http://dnb.d-nb.de abrufbar.

© 2010 Ernst Crameri
Crameri-Naturkosmetik GmbH Beauty&Wellness

ISBN: 978-3-86689-004-6

Inhaltsverzeichnis

Das Buch ist gewidmet 8
Vorwort 9
Gebrauchsanweisung für dieses Buch 12
Wenn Sie mit manchem nicht einverstanden sind 16
Der Beginn eines Traumes 20
Die Gewöhnungsphase 23
Ihr Schatz darf kein Ersatzpartner werden 25
Frauen sind prädestiniert, Schlussstriche zu ziehen 29
Schöne Jahre 32
Die ersten Krankheiten 34
Doggy-Wellness 37
Doggy-Wellness ist nichts für meinen Hund 42
Doggy-Wellness Lehrgänge 44
Gibt es auch Katzen-Wellness 45
Tierärzte oder Heilpraktiker 47
Die Odyssee 49
Menschlichkeit lässt manchmal zu wünschen übrig 57
Für manche Hundebesitzer unerklärlich 60
Für nicht Hundebesitzer unverständlich 62
Wir alle kommen in die Jahre 63
Es naht der schlimmste Tag 66
Die einzelnen Schritte 67
Das Endgespräch 69
Dem Schatz geht es zusehends schlechter 72
Ich bin doch kein Mörder 74
Wieso nützt alles nichts 75
Nichts geht mehr 77
Jetzt ist es soweit 79

Wir sind Verdrängungskünstler	81
Wer soll es tun	83
Wo soll es stattfinden	86
Wie soll es stattfinden	88
Der Tod, ein klares Tabuthema	91
Zeit, unser wertvollstes Gut	93
Seien Sie bitte dabei	96
Was ist das Richtige	99
Meine letzten Wege	100
Die letzte gemeinsame Reise	104
Die ersten Tage in St. Moritz	106
Die Ärzte-Odyssee begann	108
Die Jagd nach einer Tierklinik	111
Bei meinen Eltern	114
Mit dem Hubschrauber nach Chur	117
Der erste Hubschrauberflug für meinen Schatz	120
Die Untersuchung in der Tierklinik	123
Beinamputation und Chemotherapie	125
Die letzten Minuten	127
Was tun mit dem Kadaver	129
Mein Engel ist endlich erlöst	130
Die nächsten Tage waren grausam	133
Meine Trauer war nicht zu bremsen	135
Die meisten denken in Problemen, anstatt in Lösungen	138
Mir ist es egal, was andere Menschen denken	140
Wir führen keine Grundsatzdiskussionen	142
Ich wünsche Ihnen alles Liebe und Gute	144
Ein kleiner Auszug aus unseren Werken	146

Das Buch ist gewidmet

Meinen treuen Wegbegleitern, die ich alle viel zu früh verabschieden musste. In Dankbarkeit an eine wunderschöne Zeit. Eine unendlich große Bereicherung und Liebe, die ich durch meine vierbeinigen Freunde habe erfahren dürfen.

- Meinem ersten Hund, der Schäferhündin Bessica
- Der Hündin meiner damaligen Frau, die Boxerhündin Pia
- Meiner weiblichen Katze Schlamppi
- Meiner männlichen Katze Thömely
- Meiner Babykatze Poppeli, die leider nur 8 Wochen alt wurde
- Meinem Mischlingshund Buabeli
- Meinem Hund Maitali, ein Mastino Napoletano
- Und all den anderen Tieren, die mich begleitet haben

Sie alle sind mit mir durch dick und dünn gegangen. Ein besonderes Verhältnis hatte ich mit meiner letzten Hündin Maitali. Sie war immer dabei, Tag und Nacht. Auf sämtlichen Schulungen, Reisen und Events. Sie hat mir viele Sorgen bereitet, aber auch viel Freude.

Danken möchte ich den Tierärzten Dr. Dirk Schneeganß und Dr. Gabriela Birke. Mit einem unendlichen Einsatz und tröstenden Worten, haben sie mir immer wieder mit Rat und Tat beigestanden und manche Operation mit Bravour gemeistert.

Mein besonderer Dank gilt Gisela Nehrbaß, die immer für die Tiere da war. Mir in den schwersten Stunden beigestanden hat.

In ewiger Erinnerung an meine Freunde!

Für Sie liebe Leser, als Hilfe und Unterstützung, besser mit dem unvermeidlichen Ende „Ihres Lieblings" zu recht zu kommen.

Vorwort

Sinn dieses Buches

Liebe Leser,

der Titel hat Sie angesprochen und zugleich animiert, dieses Buch zu kaufen. Der Anlass dazu ist mit Sicherheit nicht gerade ein sehr schöner. Es wird wohl nur wenige Tierbesitzer geben, die das Buch vorsorglich kaufen, um sich mit dem Thema, das in der Regel auf alle Tierbesitzer zukommt, frühzeitig zu befassen.

Ich gehe davon aus, dass Sie sich gerade in einer dieser furchtbaren und schrecklichen Situationen befinden, die ein Tierliebhaber überhaupt nur treffen kann. Ihr Schatz ist entweder krank, oder ins Alter gekommen. Sie stehen vor Entscheidungen, die zu fällen sind. Es wird beratschlagt, der Tierarzt gibt seine Meinung ab. Diese können Sie jetzt glauben, akzeptieren oder Sie suchen wie ich damals, weitere Fachmeinungen.

Nur irgendwann müssen Sie zu einer Entscheidung gelangen. Operation, Medikamente, oder gleich einschläfern lassen. Das Letztere ist wohl das Schlimmste, was einem Tierbesitzer überhaupt passieren kann. Sie werden zum Herrscher über Leben und Tod! Grausam und genau das, was Sie letztlich vermeiden wollten. Wo Sie bestimmt gehofft hatten, dass es Sie nicht trifft. Ihr Schatz einfach nur einschläft. Ein unschöner Gedanke, jedoch die bessere Variante, als dass Ihr Vierbeiner sterben muss, weil Sie dem Tierarzt das Okay gegeben haben. Dieser ist noch viel grausamer.

In dieser Verzweiflung, eine klare und sichere Entscheidung zu treffen, ist alles andere als erheiternd und lustig. Sie können keinen klaren Gedanken fassen, werden einigen Spezialisten begegnen, die meinen, man sollte endlich das arme Tier erlösen. Na super, ganz einfach und schnell. Letztlich müssen Sie die Entscheidung alleine fällen. Sie schauen Ihren Schatz an, streicheln ihn, Tränen laufen Ihnen übers Gesicht, schlaflose Nächte liegen vor Ihnen. Tief in Ihrem Inneren spüren Sie, dass es wohl die beste Lösung ist. Sie beachten jede Regung Ihres Schatzes und glauben tatsächlich ein Aufflackern zu sehen, einen Hoffnungsschimmer, dass es wieder wird. Dies sind leider nur kurze Momente, die gleich vorbei sind. Dann beschleicht Sie wieder die unendliche Angst.

Für mich ist es ganz wichtig, für Sie liebe Leser, dieses Buch zu schreiben. Denn ich durfte diese Situationen schon ein paar Mal miterleben. Wie grausam und schrecklich, wie nett und teilweise eiskalt viele Menschen dabei sind. Ich konnte es nicht glauben, einfach unfassbar für mich.

Dieses Buch hilft Ihnen, besser mit der Situation umzugehen, denn in letzter Konsequenz sind Sie als der Besitzer des Tieres, alleine entscheidungsbevollmächtigt. Von Ihnen wird es abhängen, was exakt geschehen wird. Sie tragen die Verantwortung.

Es gibt keine Patentrezepte, wie viele uns immer wieder versuchen, weiszumachen. Kluge und damit zugleich auch dumme Sprüche nützen nichts. Es ist ein langer Prozess, den Sie durchlaufen werden. Wie Achterbahn fahren, noch ein wenig schlimmer. Sie sind untröstlich, wer soll Sie bitte auch trösten? Diese Beziehung, die Sie hatten mit Ihrem Engel, war etwas Einmaliges.

Ich dachte damals, mein Leben geht nicht weiter. Es war für mich das Ende. So eine innige Beziehung, wie zu meinem „Maitali," hatte ich noch zu keinem anderen Tier. Ich war untröstlich, mehr als untröstlich. Ich hatte immer gesagt, wenn mein Schatz gehen wird, das zeichnete sich leider schon lange vorher ab, ist es für mich auch gelaufen. Sogar dafür war ich zu gelähmt. So unendlich tief in meinem Schmerz, dass ich genau acht Tage später unsanft in die Realität zurückgeholt wurde, doch lesen Sie selbst.

Ich wünsche Ihnen von Herzen die Kraft und den Mut, die richtigen Entscheidungen zu fällen, ohne sich von jemandem beeinflussen zu lassen. Treffen Sie für sich eine Entscheidung. Sie müssen nachher auch alleine damit klarkommen.

Dieses Buch möge Ihnen viel Kraft spenden und spüren lassen, dass Sie nicht alleine mit dieser schweren Entscheidung, auf der Erde sind. Es noch andere Menschen mit sehr viel Tiefgang gibt, die diesen schweren und unvermeidlichen Weg gehen mussten.

Diskutieren Sie mit niemandem, denn das bringt Ihnen nichts. Suchen Sie Spezialisten auf, dass Sie sich niemals Vorwürfe machen müssen, weil Sie nicht alles probiert haben. Wenn das Ende immer schneller naht, nehmen Sie sich Zeit und verabschieden sich in aller Ruhe von Ihrem Engel. Drücken Sie Ihren Schatz und streicheln ihn. Sie müssen sich wegen der unendlichen Verzweiflung und Ihres Schmerzes nicht schämen. Ganz im Gegenteil, lassen Sie es zu. Genießen Sie die letzten Stunden, Sie werden diese nie vergessen.

Was bleiben wird, ist die ewige Erinnerung an ein traumhaftes Lebewesen, welches mit Ihnen durch dick und dünn gegangen ist.

Alles, alles Liebe für Sie und Ihren Schatz,

von ganzem Herzen verbunden

Ihr Ernst Crameri

Gebrauchsanweisung für dieses Buch

Sie haben dieses Buch gekauft, weil es Ihr Thema ist. Stehen vor der großen Entscheidung, was mit Ihrem Schatz geschehen soll. Eine folgenschwere Entscheidung, denn das was Sie bestimmen werden, wird letzlich mit allen Konsequenzen gemacht. Aus diesem Grund ist es wichtig, dass Sie die für sich und natürlich auch für Ihren Schatz, richtige Entscheidung treffen. Kein leichtes Unterfangen zumal, wenn man selbst mitten drin steckt. Hier gilt es möglichst, den Überblick und die Nerven zu behalten. Dies muss vorher trainiert werden. Auch wenn das jetzt der eine oder andere als absurd abtut. Leider machen es die wenigsten und warten, bis das Kind buchstäblich in den Brunnen gefallen ist.

Das Buch ist in verschiedene Passagen aufgeteilt
Je nachdem wie schnell und dringend diese Entscheidung erforderlich ist, können Sie direkt zu den für Sie wichtigen Passagen gehen. Ansonsten empfehle ich Ihnen, das Buch von Anfang an zu lesen und zu studieren. Optimal ist natürlich, wenn man nicht unter Zugzwang steht. Das ist die beste Ausgangsbasis, souverän in die Überlegung zu gehen und eine Entscheidung treffen zu können. Aber die meisten Menschen schieben lieber alles weit von sich und sind umso erschrockener, wenn die Stunde geschlagen hat. Das ist schade, denn viel Stress und Leid ließe sich vermeiden.

Arbeiten Sie mit Textmarker
Sie lesen ein Buch und können niemals alles behalten. Wir Menschen sind zu vergesslich. Unsere Vergesslichkeitsquote liegt bei 90%, innerhalb von 14 Tagen. Das heißt schlicht und einfach, Sie haben nur noch 10% des Gelesenen abrufbar. Das ist leider zu

wenig. Wenn Sie jedoch hingehen und die für Sie wichtigen Passagen mit dem Textmarker markieren, können Sie jederzeit die Quintessenz nachlesen. Arbeiten Sie unbedingt mit diesem Handwerkszeug. Erstens macht es Freude und Sie finden alles wieder. Zweitens können Sie so auf schnelle Art und Weise, die einzelnen Kapitel überfliegen. Am Anfang mag es für Sie ein wenig ungewöhnlich sein, derart zu lesen. Im Laufe der Zeit aber möchten Sie es nicht mehr missen, das ist das Entscheidende. Permanente Optimierung des eigenen Seins, als oberste Priorität.

Teilen Sie jede Seite in zwei Hälften
Wenn Sie eine Seite gelesen haben, teilen Sie diese gedanklich in zwei Hälften. Jetzt nehmen Sie einen Kugelschreiber oder Bleistift zur Hand und tragen den für Sie wichtigsten Satz, oder Begriff in das weiße Feld oben ein. Das Gleiche machen Sie mit dem unteren Abschnitt. Auch hier holen Sie für sich die Quintessenz heraus. Bitte jeweils nur einen Begriff oder Satz, sonst wird es zu unübersichtlich. Sie müssen eine Entscheidung fällen, was für Sie wichtig ist. Diese tragen Sie unten in das weiße Feld ein, neben der Buchnummerierung. Die Merksätze helfen Ihnen, leichter und schneller voranzukommen.

Am Ende des Kapitels
Starten Sie mit der Zusammenfassung. Von allen Seiten nehmen Sie die fünf wichtigsten Punkte und tragen diese auf die meistens leere Seite, am Ende des Kapitels ein. Das nennt man Resümee ziehen. Sie halten die „Big Points" fest. Der große Vorteil dabei, Sie können so das Buch im Schnelldurchgang nochmals lesen. Wichtig ist eine intensive Verinnerlichung der Merksätze. Erst das schafft, verbunden mit der ständigen Wiederholung, Programm. Wir haben es permanent mit unseren Gewohnheiten zu tun, und diese zeigen sich sehr lernresistent und enorm hartnäckig.

Ich kann doch nicht im Buch herumkritzeln

Das höre ich häufig. Frage ist, für was haben Sie dieses Buch erworben? Um es ein wenig zu lesen „Just for Fun" oder um daraus zu lernen? Wenn Sie es nur zum Lesen erworben haben, wie einen Roman, benötigen Sie selbstverständlich diese Vorgehensweise nicht. Möchten Sie aber die für Sie wichtigsten Dinge herauskristallisieren, ist es die beste und schnellste Variante, um zügig voranzukommen. Es ist Ihr Arbeitsbuch, welches wertvollen Nutzen bietet. Überwinden Sie endlich Ihre Hemmungen und setzen Sie es unbedingt um.

Am Buchende

Ziehen Sie Bilanz. Sie lesen nochmals alle Zusammenfassungen durch, entscheiden sich auf der letzten Seite des Buches, für die fünf prägnantesten Punkte. Ich weiß, was Sie jetzt denken, das ist nicht leicht! Es ist für nahezu alle Menschen nie und nimmer einfach, zu einer Entscheidung zu gelangen. Je schneller Sie dies jedoch tun, desto leichter geht es Ihnen dabei und umso mehr Lebensfreude, können Sie Ihr eigen nennen. Am Ende des Buches haben Sie Ihre fünf Highlights gesammelt. Sie sind dadurch in Ihrer gesamten Denk- und Handlungsstruktur, ein riesiges Stück weitergekommen, als wenn Sie dieses Buch nur so lesen würden.

Mal schauen

Da wären wir auch bei so einem unschönen Punkt. Anstatt solche Dinge gleich in die Tat umzusetzen, fallen die meisten lieber und natürlich automatisch, in die alten Gewohnheiten zurück. Man liest wie immer. Das ist schade, denn es raubt einem die Chance, in eine völlig neue Dimension einzusteigen. Es gilt hier mit der nötigen Ernsthaftigkeit, in die neue Richtung zu gehen. Ein wenig der Wunsch dazu reicht bei Weitem nicht aus. Mit mal schauen, werden und können Sie nichts bewegen.

Ich kann es nochmals nachlesen

Natürlich können Sie das tun, nur wenn Sie in diese Stressphase hineingeraten, haben Sie keine große Muse mehr, das Buch in Ruhe zu lesen. Gewöhnen Sie es sich insgesamt an, Bücher in dieser Art zu lesen. Ihr gesamtes Leben wird sich dadurch sukzessive verändern. Ganz ehrlich, wie oft haben Sie Bücher wieder gelesen? Sicherlich im Traum vielleicht, jedoch kaum in der Realität. Zumindest nicht Lebenshilfebücher. Da Sie dies wissen, ist es doch ein Leichtes, für entsprechende Abhilfe zu sorgen. Es gleich von Anfang an anders machen. Verlassen Sie Ihre Komfortzone und beschreiten Sie neue Wege. Am Anfang ist es ungewohnt, je öfters Sie dies jedoch tun, desto mehr wird es zur Gewohnheit.

Vereinheitlichung

Damit es für Sie unkomplizierter zum Schreiben und zum Lesen ist, beschränken wir uns auf die Bezeichnung Vierbeiner oder Schatz. Das Geschriebene gilt letztlich für alle Tiere, die in diese Phase gelangen. Wo Frauchen oder Herrchen voll gefordert und gefragt sind. Ich denke, das dürfte für Sie kein Problem sein. Sie wissen, was damit gemeint ist.

Wenn Sie mit manchem nicht einverstanden sind

Hier noch ein paar klärende Worte. Es kann leicht passieren, dass Sie mit manchem nicht einverstanden sind. Ihnen einiges nicht gefällt, das eine oder andere Sie belastet und tagelang beschäftigt. Aus diesem Grunde ist es enorm wichtig, dass wir die völlig freie Meinungsäußerung aufrechterhalten. Letztlich kann jeder sein Leben gestalten, wie er es gerne möchte und das ist auch gut.

Freies Land
Ich kann nur immer wieder betonen, dass ich sehr glücklich bin, in einem völlig freien Land und auch freien Europa zu leben. Es gibt leider viele Orte auf dieser Erde, wo das nicht in dieser Form möglich ist. Wir gehören wahrlich zu den Privilegierten, denen dies zuteil wird. Die große Freiheit zu genießen und sein Eigen nennen zu können. Wenn ich an die vielen Menschen denke, die am Jammern und Lamentieren sind, kann ich das leider nicht ganz nachvollziehen. Letztlich muss ich es auch nicht. Wie heißt es so schön „Jeder, ist seines Glückes Schmied!"

Wenn Sie das Thema Jammern näher interessiert, darüber habe ich ein treffendes Buch, mit dem Titel geschrieben „Höre endlich auf zu Jammern!" Eine klare Ansage an die ganzen Katastrophen-Typen, die sich und den Mitmenschen das Leben unnötig schwer machen. Dies ist schlicht und einfach eine riesige Unverschämtheit, sich dermaßen seinen Mitmenschen gegenüber zu benehmen. Ungezogen und zeugt nicht von einer guten Kinderstube.

Jeder hat seine Sicht der Dinge
Das ist wichtig, dies zu akzeptieren. Wenn das alle Menschen auf

dieser Erde tun würden, gäbe es weniger Streit und Kriege. Die Sicht der Dinge setzt sich aus unserer Erziehung und dem Erlebten zusammen. All das formt entsprechend und sollte uns das Leben erleichtern. Leider ist oft genau das Gegenteil der Fall, denn im Laufe eines Lebens haben wir zu viele Negationen gehört, dass diese zu einem Teil von uns wurden. Jetzt ist natürlich die entscheidende Frage, was machen wir? Wie gehen wir damit um?

Geben Sie sich die Chance

Das ist enorm wichtig, dass man nicht gleich im Voraus alles ablehnt und als total falsch erachtet. Ich war früher so ein Mensch, der seine Meinung hatte und die der anderen völlig ablehnte. Im Gegenteil sogar noch versuchte, die anderen entsprechend zu beeinflussen. Unendlich viel Stress und teilweise Leid, erlebte ich dadurch und die anderen mit dazu. Wie viel Streit habe ich vom Zaun gebrochen, ohne dabei nennenswerte Ergebnisse zu erzielen. Also habe ich im Laufe der Zeit gelernt, darauf völlig zu verzichten und jedem seinen Glauben zu lassen. Es steht schon in der Bibel geschrieben

„Euch geschehe nach eurem Glauben!"

Das finde ich eine wunderbare Aussage, die es tatsächlich in sich hat. Wenn Sie das eine oder andere lesen, womit Sie nicht einverstanden sind, schmeißen Sie es über Bord. Das soll Sie nicht belasten. Im Gegenteil, das Buch dient als Bereicherung für Sie.

Lass jedem seine Meinung

Das ist ein wichtiger Punkt. Hierzu hat der Volksmund ein sehr schönes Sprichwort parat.

„Kehre erst einmal vor deiner eigenen Türe!"

Diesen Spruch finde ich unwahrscheinlich aussagekräftig. Wir Menschen tendieren jedoch lieber dazu, vor der Tür der anderen zu kehren. Das ist viel bequemer. Sie kennen bestimmt solche

Aussagen wie „Ich würde an deiner Stelle!" Zu diesen Menschen kann ich nur sagen, mach doch einfach. Rede nicht so viel. Bewege dich und lass die anderen in Ruhe. Leider ist es für viele zum Volkssport geworden zu meinen, was für den anderen gut ist und was nicht. Wenn Ihnen solche Menschen begegnen, häufig sind es die aus den eigenen Reihen, geben sie ihnen klar zu verstehen, dass Sie gerne auf jeglichen Kommentar verzichten.

Keine Grundsatzdiskussionen

Hören Sie endlich auf, Grundsatzdiskussionen zu führen. Ich bin mir sicher, dass auch Sie ein großer Meister darin sind. Nur, was hat es bisher gebracht? Wie läuft es ab? Es gibt nur Verlierer, alle sind gestresst und leiden an einem hohen Energieverlust, den man besser für positive Dinge einsetzen würde. Schenken Sie sich jegliche Form, die anderen Menschen von der eigenen Meinung zu überzeugen. Entweder versteht der andere Ihren Standpunkt oder er lässt es. Dazwischen gibt es nichts.

Wenn es Sie näher interessiert, kaufen Sie mein spannendes, informatives Buch „Höre endlich auf mit deinen Grundsatzdiskussionen!" Ich behaupte, wer sonst keine Sorgen und eine sinnvolle Lebensaufgabe sein eigen nennen kann, hat unendlich viel Zeit für solch einen Blödsinn. „Ich muss dem anderen doch meine Meinung sagen!" Der Auffassung bin ich überhaupt nicht. Lass den anderen in Ruhe. Du kannst ihm kurz deine Inputs erklären, das war es bitte auch schon wieder.

Werfen Sie es über Bord

Sollten Sie mit dem einen oder anderen aus diesem Buch nicht einverstanden sein, werfen Sie es über Bord. Es soll Sie nicht belasten. Nehmen Sie das auf, was für Sie gut ist und alles andere weg damit. Das Leben ist zu kostbar, um überhaupt nur einige Minuten in Disharmonie zu verbringen. Tun Sie es bitte nicht, keinesfalls. Sie müssen nie und nimmer einverstanden sein. Nehmen Sie die für Sie wichtigen Dinge mit und alles andere „adios!" Konzentrieren Sie sich auf das Wesentliche, genau um das geht es letztlich. Alles andere ist uninteressant für Sie.

Werfen Sie das Buch weg

Sollte es für Sie ganz schlimm sein, dass Sie der Meinung sind, das Buch wäre eine reine Katastrophe, werfen Sie es gleich weg, oder verschenken es einem anderen Menschen. Vielleicht kann dieser etwas damit anfangen. Es passiert schon einmal, dass man etwas kauft und damit nichts anfangen kann. Auch ich habe schon viele Bücher erworben, wo mir der Inhalt und Stil des Autors nicht gefallen haben. Mein Leben ist mir zu kostbar, warum soll ich mich darüber aufregen? Oder noch eine Rezension schreiben und das Buch nach Möglichkeit zerreißen, bestimmt nicht. Das ist nicht mein Stil und unter meiner Wahrnehmungsschwelle, dafür überhaupt nur eine Minute meines Lebens zu vergeuden. Diese verlorene Zeit können Sie nie wieder einholen. Wenn es nicht passt, heißt es weg damit.

Konzentration auf das Wesentliche

Dies ist der entscheidende Punkt in unserem Leben. Nicht Dinge tun, bei denen die anderen meinen es wäre wichtig, sondern sich nach seinem eigenen Leben zu richten. Das ist die größte aller Aufgaben. Spannend und lebensbejahend, von der ersten bis zur letzten Minute. Was wollen Sie, wollen Sie wirklich? Das ist die eine Seite. Auf der anderen, was wollen Sie nie mehr? So kommt man seinem eigenen „Sein" Stück für Stück näher.

Der Beginn eines Traumes

Irgendwann entstand der Wunsch, der Traum, ein Tier sein eigen nennen zu dürfen. Vielleicht ist es sogar das erste Mal, dass man ein Tier hat. Oder Sie sind in einem Elternhaus aufgewachsen, wo Tiere mit dazu gehörten. Lange wird hin und her überlegt. Es wird abgewogen, welches Tier wohl das Beste ist. Wie groß, welche Rasse, ein Tier aus dem Tierheim oder ein kleines Baby? Bis es endlich eines Tages zur Kaufentscheidung kommt.

Wunsch

Beginnen tut es in der Regel, zuerst mit einem Wunsch. Man geht mit dem Gedanken schwanger, sich ein Tier anzuschaffen. In den seltensten Fällen bekommt man ein Lebewesen geschenkt. Die Entscheidung für oder gegen ein Tier, wird in der gesamten Familie gefällt. Oft ist es auch eine Entscheidung, welche man alleine trägt. Es gibt Situationen, wo dies relativ schnell geht.

Erfüllung

Vom Wunsch geht es in die Erfüllung. Es kommt der große Tag, wo man meistens nach mehreren Besuchen, seinen Vierbeiner abholt. Das ist ein besonderer Moment. Ein Augenblick, den man zu dem Zeitpunkt noch nicht richtig erfassen kann. Mein großer Traum war seit jungen Jahren, ein Mastino Napoletano. Für mich der Inbegriff eines großartigen und majestätischen Hundes. Ich habe 15 Jahre davon geträumt, denn der Preis für so einen Hund, lag damals weit über meinen finanziellen Möglichkeiten. Es hat lange gedauert, bis ich mir meinen Traum erfüllen konnte. Ein unbeschreibliches Glücksgefühl, ein wunderschöner Moment.

Träume gilt es nie zu verlieren

Das ist eines der wichtigen Dinge im Leben jedes Menschen. In dem Moment, wo der Mensch anfängt, einen Wunsch nach dem anderen zu begraben, ist es als würde man sich selbst Stück für Stück aufgeben und amputieren. Kein sehr kluger Entscheid, um mit viel Lebensfreude sein Dasein immer stärker zu zerstören. Sollten die Träume noch so unerreichbar scheinen, die permanente und feste Überzeugung, der unerschütterliche Glaube und das Bestreben da hinzukommen, schafft Wirklichkeit. Wie sagte Martin Luther King

„If you can dream it – you can do it!"

Das finde ich eine wunderschöne und starke Aussage. Die heute mehr denn je ihre Gültigkeit hat. Graben Sie Ihre Träume wieder aus und lassen Sie sich diese von niemandem zerstören. „Wer aufhört zu träumen, hört auf zu leben!" Das ist schade, wenn Sie in diese Falle reinlaufen würden.

Kurz ein paar Worte zu der Rasse

Egal, welche Rasse Sie sich ins Haus holen, ein Tier kann nur so gut und lieb sein, wie der Mensch. Leider gibt es viele Spezialisten, die besser keinen Hund ihr eigen nennen dürften. Nun, ähnlich geht es auch einigen, mit ihren Kindern. Wenn für Sie ein bestimmtes Tier Ihr Traum ist, arbeiten Sie daran und erfüllen Sie sich diesen Wunsch. Mein Traum war ein Mastino Napoletano, der im Nachhinein völlig zu Unrecht in die Gruppe der Kampfhunde eingeordnet wurde.

Ich bin mir sicher, als richtiger Tierliebhaber, kennen Sie auch solche Geschichten. Letztlich bekommt man jeden Hund scharf. Weil einige sich damit brüskiert haben, wurde gleich eine große Liste geschrieben und da waren fast alle Hunde vermerkt, von denen man ausgehen kann, dass sie Kampfhunde sind. Da dürften wir letztlich alle großen Rassen mit einbeziehen. Manchmal oder sogar des Öfteren, ist leider das was manche Damen und Herren vom grünen Tisch her entscheiden, haarsträubend. Das wollen wir nicht weiter vertiefen. Dafür ist die Zeit zu schade. Es gibt Dinge, die können wir ändern. Da liegt es in unserer Hand und andere sind gänzlich außerhalb unseres Kompetenz- und Handlungsbereiches.

Freude

Die Freude, ein neues Lebewesen zu Hause begrüßen zu dürfen, ist riesig. Zugleich bedeutet es eine kolossale Umstellung, denn nichts ist wie vorher. Es gilt für das neue Familienmitglied Platz zu schaffen. Da zu sein, Futter zu besorgen, Gassi zu gehen und die gesamte Pflege zu übernehmen. Am Anfang, wenn ein junger Welpe Einzug hält, ist etliches zu beachten. Zumal, wenn es der erste Hund ist. Im Laufe der Zeit gewöhnt man sich immer stärker daran. Hier ist es wichtig, auf die Erfahrung von guten und kompetenten Hundehaltern zu achten und von denen zu lernen. Leider gibt es wie überall Tausende von Meinungen. Da sollte man am besten, die für sich Idealste raussuchen.

Der tägliche Aufwand

Einige sind erschrocken, wenn aus dem kleinen, niedlichen Tierchen eines Tages etwas Großes wird. Wenn noch eine gewisse Inkonsequenz hinzukommt, kann das leicht zu einer Belastung werden. Das finde ich schade, wenn man sich als Tierliebhaber nicht richtig auf seine Aufgaben vorbereitet. Häufig oft zur Not der Tiere, die abgeschoben werden, weil die Tierbesitzer lieber wieder in ihre eigene Komfortzone zurückkehren. Sich nicht bewusst sind, was es bedeutet, ein Vierbeiner sein eigen zu nennen. Die schönen Dinge gerne, die anderen lieber nicht.

Die Gewöhnungsphase

Spannend, aufregend, schlaflose Nächte und einiges mehr, können die ersten Tage und Wochen bedeuten. Wenn Sie sich ein Baby geholt haben, vermisst es natürlich stark die Mama und die Geschwister. So kann es passieren, dass das Kleine weint und traurig ist. Jetzt müssen Sie mit viel Herz, Liebe, aber auch Konsequenz vorgehen. Wenn es noch so herzzerreißend ist, es sollte gewisse Grenzen geben. Für mich war mein Schlafzimmer ein Tabubereich und dies hat sich als sehr gut herausgestellt.

Klar kommen

Im Laufe der Zeit kommen Sie immer besser klar, es spielt sich ein. Viel Freude, aber auch manches Missgeschick, wechseln sich ab. In der Regel, überwiegt die Freude. Eine wunderbare Beziehung wächst, die viele Jahre hält. Wichtig ist, eine gute Partnerschaft vom Mensch zum Tier einzugehen. Da kommt unendlich viel rüber und ist eine Bereicherung für alle Parteien. Dies muss jedoch wie alles zuerst wachsen, entsteht nicht über Nacht.

Liebe wächst

Die Liebe wächst und es kommt meistens der Moment, wo man nie mehr auf den Vierbeiner verzichten möchte. Es ist dann eine kleine Sequenz, wo man mit Schrecken daran denkt, dass es irgendwann einmal zu Ende gehen wird. Die Wahrscheinlichkeit, dass der Schatz vor uns geht, ist statistisch gesehen viel größer. Schnell schieben wir den Gedanken weit von uns weg. Es ist sicherlich auch richtig, denn es ist nicht der Zeitpunkt, jetzt schon darüber nachzudenken. Dennoch ist es auf der anderen Seite kein Fehler, sich mit dem Gedanken vertraut zu machen. Wie sagt der Volksmund so schön

„Gut geplant ist halb gewonnen!"

Wahrscheinlich finden Sie dies ein wenig komisch. Es ist jedoch in der Tat besser, wenn man sich frühzeitig in diese ganzen Überlegungsphasen hinein begibt. Genauso sich einen Tierarzt des Vertrauens sucht, mit dem man diesen Fall schon einmal besprechen kann. Das hat nichts damit zu tun, dass man sich nur noch Tag für Tag mit dem Gedanken befasst. Es geht ausschließlich um das gewusst wie, wenn es soweit ist. Denn diese Situation kommt oft schneller, als man denkt.

Zuneigung

Wie viel Zuneigung bringen Sie dem Tier entgegen? Gehen Sie voll und ganz auf die Bedürfnisse des Tieres ein? Erfüllen Sie seine Wünsche, soweit machbar und werden Sie dem Tier gerecht? Manche schießen völlig über das Ziel hinaus. Das soll jedoch nicht das Thema in diesem Buch sein, genauso wenig wie die Erziehungsmethoden, deren Vielfalt groß sind. Die Meinungen gehen oft auseinander. Finden Sie für sich und Ihren Schatz, die Passende heraus und leben Sie diese. Ich werde oft gefragt, welche die Richtige wäre. Meine Empfehlung, schauen Sie sich verschiedene an und entscheiden Sie für sich, was Ihnen am besten liegt. Womit Sie klarkommen, um das geht es letztlich. Sorgen Sie dafür, dass Sie nur die Dinge tun, die mit Ihnen konform laufen. Dadurch leben Sie besser, zufriedener und das Endresultat daraus ist, viel glücklicher.

Ihr Schatz darf kein Ersatzpartner werden

Dies ist für mich als Partnerschafts-Coach und Doggy-Wellness Pionier, eine tragende Botschaft an Sie. Viele Menschen tendieren dazu, in ihrem Vierbeiner einen Ersatzpartner zu sehen. Das kann nicht gut gehen. Einen menschlichen Partner kann ein Tier nie ersetzen. Es ist eine schöne Ergänzung, eine Bereicherung und das ist auch gut so.

Der menschliche Partner

Denken Sie bei Ihrer großen und oft überschwänglichen Liebe daran, dass Ihr Tier nie Ihren Partner ersetzen kann und darf. Sie schließen sich dadurch die Tür, zu einer schönen, menschlichen Partnerschaft. Sollten Sie diese Einstellung Ihr eigen nennen, gehen Sie sofort dagegen an. Es lohnt sich, lesen Sie hierzu auch mein Buch

„Ein Millionär als Traumpartner!"

Mit vielen wertvollen Inputs, um eine wirklich glückliche Partnerschaft zu führen. Die Krönung des menschlichen Daseins. Überlassen Sie nichts dem Zufall. Gehen Sie aktiv in eine Partnerschaft. Das fängt bereits bei der Auswahl des passenden Partners an.

Mein Vierbeiner enttäuscht mich nie

Welch trauriger Vergleich, das geht nie auf, denn der Vergleich hinkt völlig. Ihr Schatz ist vollends auf Sie angewiesen. Sie sind sein „Ein und Alles." Er braucht Sie zum Füttern, Gassi gehen, für Streicheleinheiten und vieles mehr. Der menschliche Partner ist dagegen autonom. Folglich sind dies zwei völlig konträre Positionen. „Ich wurde so enttäuscht!" Ja, was heißt denn das? Nichts anderes, als dass die Täuschung ein Ende gefunden hat. Wer hat sich getäuscht? Sie waren das, Sie selbst. Also dürfen Sie dem anderen auch keine Schuld geben. Es braucht immer zwei, bei allem. Das Dilemma ist oft das gleiche. Da hat man zu hohe Erwartungen, ist nicht imstande diese entsprechend zu artikulieren und das Endergebnis, ist eine logische Folge solchen Verhaltens. Woher soll Ihr Gegenüber genau wissen, was Sie gerne möchten und was nicht. Wenn Sie das Thema näher interessiert, lesen Sie mein Buch

„Habe keine Erwartungshaltung!"

Ein spannendes Buch, mit vielen wertvollen Tipps, dass es endlich mit den Enttäuschungen aufhört.

Ersatzpartner

Ihr Vierbeiner darf nur eine Ergänzung sein, eine schöne Bereicherung in Ihrem Leben. Es bleibt aber ein Tier, auch wenn Sie ihm sehr nahe stehen. Menschen, die schon einmal unschöne Beziehungen hinter sich haben, lieben natürlich die ungeteilte und großartige Aufmerksamkeit des Vierbeiners. Wenn ich da an eine schnurrende Katze denke, die sich völlig an den Menschen anschmiegt, ist dies schon eine tolle Sache. Da kann man lange suchen, bis man solch ein menschliches Wesen, mit den gleichen Eigenschaften gefunden hat. Oder an den Hund, der sich jedes Mal riesig freut und wild mit dem Schwanz wedelt, obwohl Herrchen oder Frauchen nur einige Minuten weg waren. Auch da können Sie natürlich lange nach einem Partner suchen, der jedes Mal schwanzwedelnd, (bildlich gesprochen) auf Sie los stürmt. Es sind wirklich zwei völlig konträre Dinge.

Gefahr

Wenn Sie nicht aufpassen, besteht schnell die Gefahr, dass Sie eine übergroße Liebe zu Ihrem Vierbeiner aufbauen und kein Mensch die Chance hat, hier Fuß zu fassen. Ich habe das schon oft erlebt. „Mir kommt kein Mann oder keine Frau mehr ins Haus! Mein

Schatz enttäuscht mich nie. Ich komme sehr gut alleine klar, usw." Problematisch, denn wir sind nicht als Eremiten auf dieser Erde. Öffnen Sie sich für eine Partnerschaft. Sturheit macht starr und das ist ungesund. Sollten Sie ohne Hilfe nicht klarkommen und das Buch nicht ausreichend sein, ist dies kein Zeichen von Schwäche. Im Gegenteil, es ist eine große Stärke, sich Hilfe zu holen. Lassen Sie sich von uns coachen! Das Partnerschafts-Coaching ist eine wunderbare und grandiose Hilfe.

Ein menschlicher Partner ist durch nichts zu ersetzen

Nie und nimmer, denn ein Mensch hat doch noch einige Möglichkeiten mehr, als ein Tier. Fangen wir bei der Sexualität an. Wie wollen Sie diese auf einen Nenner bringen? Möchten Sie mit Ihrem Vierbeiner Ihre Sexualität ausleben? Vielleicht sind Sie jetzt geschockt, oder sogar empört. Das macht nichts, dann habe ich voll ins Schwarze getroffen. So sehr ich meine Hündin „Maitali" über alles liebte, alleine der Gedanke ist unglaublich. Ich bevorzuge es, meine Sexualität mit einem menschlichen, weiblichen Wesen zu teilen. Streicheleinheiten und das Gespräch genauso.

Ich kann mit meinem Schatz reden

Natürlich und sehr gut sogar, das weiß ich. Wenn man intensiv auf das Tier eingeht, entwickelt sich eine eigene Sprache. Faszinierend, wie man sich unterhalten kann. Wie weit können Sie bei diesen Gesprächen gehen? So in die Tiefe, wie mit einem Menschen? Ganz bestimmt nicht, Sie können sich bis zu einem gewissen Level unterhalten, das Tier hat Verständnis und kann Ihnen folgen. Es findet jedoch nie und nimmer der Austausch, wie mit einem Partner statt.

Ich bekomme viele Streicheleinheiten zurück

Nur, bis wohin? Wie weit gehen Sie da? Ich denke, bis zu einem gewissen Punkt und dann ist es gut. Vielleicht gibt es einige Leser, die jetzt komisch berührt sind. Lassen Sie sich diese Punkte durch den Kopf gehen. Natürlich ist es schön, wenn der Vierbeiner mit uns schmust, sich an uns schmiegt. Für mich gibt es aber klare Grenzen. Ich weiß, dass es andere gibt, die diese Grenzen überschreiten. Ich möchte das nicht beurteilen, kann nur aus meiner Sicht sprechen. Eine menschliche Partnerschaft ist ein absoluter Traum! Schöne Gespräche, innige Liebe und Sex, das ist gigantisch. Wenn in dieser Gemeinschaft zusätzlich ein Vierbeiner lebt, wunderbar, eine richtige Familie.

Frauen sind prädestiniert, Schlussstriche zu ziehen

Ich kenne viele Frauen, die sich von ihrem Partner abgewandt haben und ihre Liebe, nun dem Vierbeiner schenken. Sei es, dass die Kinder größer werden, oder sie sich mit ihrem Mann nicht mehr versteht. Eines sei Ihnen gewiss, es kann der Tod Ihrer Beziehung sein. Die Frage ist, wie viele Erwartungen haben Sie? Hatten Sie nicht schon zu viele und nie darüber gesprochen? Dass sich Anschweigen und in der Hoffnung zu leben, der andere möge das verstehen, macht auf Dauer krank. Dem muss man sich nicht freiwillig aussetzen.

Haben Sie Mut

Freuen Sie sich über Ihren Vierbeiner und öffnen Sie sich für eine Partnerschaft, zu einem lieben Menschen. Es gibt auch für Sie den passenden Partner, mit dem Sie viel Freude und Liebe erleben. An Ihnen liegt es, wie Sie da vorgehen. Sollten Sie alleine nicht weiterkommen, buchen Sie ein Partnerschafts-Coaching! Dieses wird Sie ein großes Stück weiterbringen. Hier kann ich Ihnen mein Buch, mit dem Titel empfehlen

„Wer aufgibt, hat verloren!"

Also ist Ihre oberste Priorität niemals, aber gar nie mehr aufzugeben. Wenn einige Dinge nicht gelaufen sind, wie sie hätten laufen sollen oder können, hat das bestimmte Gründe. Wichtig ist in erster Linie, niemals dem anderen die Schuld zu geben. Wenn Sie dies tun, geben Sie Ihrem Gegenüber die Macht über Ihr Leben. Auch darüber habe ich ein interessantes und lehrreiches Buch geschrieben

„Wer anderen die Schuld gibt,
gibt ihnen die Macht über sein Leben!"

Bitte tun Sie das nie, nie, nie, niemals. Denn der Einzige, der dabei verliert, sind Sie.

Haben Sie Ihr Tier unendlich lieb

Es braucht Sie! Es gibt jedoch auch einen Menschen auf dieser Erde, der Sie braucht und umgekehrt. Es gilt diesen zu finden. Ich bin mir sicher, dass Sie das schaffen werden. Ihr Tier haben Sie deswegen nicht weniger lieb, oder wie manch einer schon meinte, es wäre Verrat am Tier, wenn plötzlich eine andere Person da ist. Im Gegenteil, Ihr Vierbeiner wird sich freuen, wenn Sie einen Partner mit nach Hause bringen, der natürlich Tiere mag. Haben Sie Mut und setzen Sie es um. Sie wissen doch, was geschieht, wenn man arm an Mut ist? Schauen wir es uns an

Arm an Mut = Armut

Sie haben jetzt zwei Möglichkeiten, entweder Sie glauben es oder nicht. Wenn Sie jedoch mit offenen Augen durchs Leben gehen, werden Sie das immer wieder feststellen. Ein wenig mutiger zu sein und dadurch mehr Lebensfreude und -spaß zu erleben, lohnt sich doch. Meinen Sie nicht auch, dass Sie sich das schuldig sind?

Glauben Sie an sich und bleiben Sie dran

Sehr wichtig, dass Sie jetzt nicht hingehen und vor lauter Zorn und Frust alles gleich ablehnen. Lassen Sie es setzen. Wenn Sie ehrlich sind und tief in sich hinein hören, werden Sie es erkennen und spüren, dass Sie letztlich gerne in einer Partnerschaft leben möchten. Viel Glück und Erfolg dabei. Denken Sie daran, solange Sie leben, ist es nie zu spät. Warten Sie bitte nicht, bis Sie auf dem Sterbebett liegen. Packen Sie es an. Wann? Heute natürlich noch! Wichtig ist stets, sofort den ersten Schritt einzuleiten. Nach dem großen Prinzip von

„Just do it!"

Wie heißt es treffend „Chancen, gehen nie vorüber, sie werden nur von anderen genutzt!" Ich wünsche Ihnen bei der Umsetzung, von ganzem Herzen viel Erfolg.

Himmel und Hölle

Ja, wo ist denn das? Man hat uns gesagt, dass der Himmel immer oben ist und die Hölle unten. Frage ist, was Sie glauben und was nicht. Im Laufe von vielen Jahrzehnten, bin ich zu der Ansicht gelangt, dass der Himmel weder oben, noch die Hölle unten ist. Vielmehr ist es in uns drin. Wir selbst entscheiden, ob wir den Himmel oder die Hölle erleben. Freie Entscheidung und jederzeit änderbar, wenn wir das möchten. Wir sind für uns zuständig.

Treffen Sie klare Entscheidungen

Das ist natürlich wichtig, klare Entscheidungen zu treffen und niemals etwas dem Zufall zu überlassen. Das tun zwar die meisten Menschen, deswegen heißt es aber noch lange nicht, dass Sie das Spiel mitmachen müssen. Suchen und kristallisieren Sie genau heraus, was Sie möchten und was nicht. Dann leben Sie danach, unabhängig der Meinung und womöglich der Angst, was die lieben Mitmenschen meinen könnten, oder nicht. Das spielt keine Rolle, es geht ausschließlich um Sie.

Schöne Jahre

Wenn man sich intensiv um sein Tier kümmert und ihm das gibt, was es benötigt, erlebt man in der Regel viel Spaß und Freude zusammen. Ab und an einmal einen Besuch beim Tierarzt und ansonsten läuft es. Welch wunderbare Bereicherung, ein Vierbeiner doch für uns darstellt.

Viel Spaß zusammen

Ein Tier ist etwas sehr Bereicherndes und Schönes. Wenn man ihm die nötige Fürsorge und Liebe angedeihen lässt, kommt unendlich viel zurück. Es ist wahrlich ein Traum! Genießen Sie jeden Moment mit Ihrem Schatz, denn leider ist unseren vierbeinigen Freunden nicht so viel Lebenszeit gegönnt, wie uns Menschen. Das ist schade, jedoch nicht zu ändern. Darum genießen Sie jede Minute des Zusammenseins. Auch wenn Sie manchmal das Gefühl haben, sich ärgern zu müssen. Schenken Sie sich das, denn in erster Linie wird es Ihnen schaden. Wenn Sie Ihrem Tier mit Liebe und Fürsorge begegnen, wird auch viel zurückkommen. Wichtig ist, dass Sie natürlich und menschlich bleiben. Stets in dem Gedanken, dass Ihr Vierbeiner eine Seele und entsprechende Wahrnehmungen besitzt.

Gewohnheit

Erschreckend wird es, wenn die Dinge zur Routine werden. Im Alltag geht manches leider unter und das ist traurig. Die Macht der Gewohnheit ist übergroß und allgegenwärtig. Sie frisst uns teilweise förmlich auf. Vor lauter machen und tun, verlieren wir schnell den Überblick, das ist schade und stressend. Passen Sie daher gut auf sich auf! Handeln Sie getreu dem Motto „Tägliches Überprüfen, schafft die Möglichkeit der nötigen Kurskorrektur!" KvP als Instrument, um up to date zu sein. KvP als kontinuierlicher Verbesserungs-Prozess. Das Spiel ist simpel und das können Sie sich für alle Bereiche, in Ihrem Leben zunutze machen. Folgende Formel hilft Ihnen schneller voranzukommen und den Überblick zu behalten.

Das was **miserabel** ist	hier machen Sie ein **gut**
Das was **gut** ist	hier machen Sie ein **sehr gut**
Das was **sehr gut** ist	hier machen Sie ein **Overstanding**
Das was **Overstanding** ist	halten Sie im **Overstanding-Bereich**

Diese Formel ist total unkompliziert. Aber die meisten sind zu vornehm, sich dieses einfache und sehr effiziente System zunutze zu machen.

Täglich eine Dankbarkeitsminute einlegen

Wenn ich den Menschen dies empfehle, ernte ich oft ein mildes Lächeln, nach dem Motto „Tja, was soll der Quatsch?" Leider ist für viele Menschen alles zur Selbstverständlichkeit geworden. Wir gehören zu den Konsumenten, wo alles normal ist. Das ist traurig, denn wenn wir lernen in der Dankbarkeit zu leben, geht es uns um ein Vielfaches besser.

> „Dankbarkeit ist letztlich der Schlüssel zum Erfolg!"

Halten Sie einmal pro Tag inne und danken Sie für alles. Ob Sie jetzt Gott danken, dem Universum oder sonst jemandem, spielt keine Rolle. Sie tun es in erster Linie für sich selbst. Alleine der Gedanke daran macht wesentlich glücklicher und zufriedener.

Die ersten Krankheiten

Genau wie bei uns Menschen, verhält es sich auch bei den Tieren. Je älter wir werden, suchen uns kleinere und größere Störungen heim. Dies gehört zum biologischen Abbauprozess, eine feststehende Größe, die leider unumgänglich ist. Je besser Sie darauf vorbereitet sind, desto weniger Stress bekommen Sie und Ihr Schatz. Es gibt Momente, die alles andere als lustig sind. Wie gut, wenn man sich auskennt, einen guten und ganzheitlich arbeitenden Tierarzt sein eigen nennt, zu dem man vollstes Vertrauen haben kann.

Manche Störungen können Sie selbst beheben

Für die meisten Probleme benötigt man kompetente Hilfe, von einem Tierarzt oder Tierheilpraktiker. Entscheidend ist eines, dass Sie sich möglichst selbst gut auskennen, denn das erleichtert Ihnen den Überblick zu behalten und nicht in die Abhängigkeit anderer Menschen zu gelangen.

Krankheiten

Manchmal sind es nur kleine Störungen, obwohl es den Anschein hat, als wäre es besonders schlimm. Es gibt aber auch die nächste Variante, wo es tatsächlich um Leben und Tod geht. Es sind die Augenblicke, wo man das Gefühl hat, das Blut gefriert einem in den Adern, schrecklich und grausam.

Erste Diagnose

Die Diagnose ist manchmal kaum zu fassen, erschreckend und ab und zu war die Sorge völlig umsonst. Gibt es einen Sinn, sich nur auf eine Diagnose zu verlassen? Es gibt Momente, da haben Sie keine andere Wahl. Wenn Zeit vorhanden ist, sollten Sie unbedingt eine Gegendiagnose einholen. Fehldiagnosen gehören zum Berufsrisiko, in allen Berufsgruppen. Leider, leider............!

Hoffnung, dass es nicht so schlimm ist

Die Hoffnung, dass es vielleicht doch nicht so schlimm ist. Das lange Warten in der Praxis und zu hoffen, dass die Operation gut verläuft. Da können Minuten zu Stunden werden und die Nächte schlaflos, weil das Tier vor Schmerzen wimmert. Tage und Wochen in einem Wechselbad der Gefühle zu leben. Mal geht es gut, und manchmal war es das.

Was ist zu tun

Wenn es keiner schnellen Entscheidung bedarf, so wie damals bei der Magendrehung von Maitali, da ging es um Minuten, ob Operation oder nicht, können Sie es sich überlegen, was zu tun ist. Lesen Sie viel, machen Sie sich im Internet schlau, erkundigen Sie sich bei den ersten Anzeichen frühzeitig. Holen Sie mindestens eine weitere Meinung ein und überlassen Sie nichts dem Zufall.

Selbsthilfe

Sie können zu Hause mithelfen, dass es Ihrem Vierbeiner bei seinen Störungen und Krankheiten besser geht. Sei es in der Vor- wie in der Nachsorge. Unterstützen Sie den Heilungsprozess unbedingt. Ihr Vierbeiner benötigt gerade in solchen Phasen, Ihre besondere Unterstützung und Liebe.

„Genauso wie wir Menschen Angst haben, empfindet auch ein Tier"

Es ist eine völlig neue Situation, da gilt das Vertrauen von Herrchen oder Frauchen alles. Jetzt müssen Sie unbedingt für Ihren Schatz da sein.

Doggy-Wellness für jeden Hund

In meiner großen Verzweiflung, weil starke Medikamente oder Einschläfern auf dem Programm standen, suchte ich nach einer Lösung. Es hat ein wenig länger gedauert. Denn immer starke Medikamente, die das Tier zusätzlich belasten, kamen für mich nicht infrage. Einschläfern, ein Ding der Unmöglichkeit, das wollte ich auf gar keinen Fall. Eines war mir bewusst, es musste eine sinnvolle Lösung her und ich war davon überzeugt, eine zu finden. Nach langem Suchen und vielen schlaflosen Nächten, kam mir endlich die rettende Idee. Dazu gibt es auch das Zitat

„Wer suchet – der findet!"

Dieses Sprichwort hat sich häufig bewahrheitet. Wichtig ist, fest daran zu glauben.

Doggy-Wellness

Es ging hier speziell um Hüftdysplasie und deren Auswirkungen. Was konnte ich noch tun, außer eine Operation, Medikamente verabreichen oder erlösen? Alles schien mir nicht die richtige Lösung zu sein. Da musste es noch Alternativen geben.

Was für Menschen gut ist

Als ganzheitlicher Behandler, der seit Jahrzehnten Menschen hilft, kam mir auf der Suche nach einer Lösung die Idee, dass was Menschen gut tut, muss auch für Tiere gut sein. Ich war unsagbar glücklich und besprach das mit meinem damaligen Tierarzt. Ein mildes Lächeln und Kopfschütteln war die Reaktion. Das war für mich genau der Punkt, wo ich mir sagte, so und jetzt erst recht. Wenn der Typ das nicht glaubt, ist es sein Problem, ich ziehe es auf alle Fälle durch und werde unverzüglich anfangen. Meine Lebensdevise war schon immer, wenn jemand Nein sagt, oder meint es würde nicht gehen

„Jetzt erst recht!"

Getreu der Devise

**„Wo fängt ein Erfolgreicher an –
genau da wo ein Erfolgloser aufhört!"**

Lassen Sie sich durch nichts, aber gar nichts beirren. Verfolgen Sie Ihre Ideen und Sie werden viel mehr erreichen, als die meisten Menschen während ihres gesamten Lebens. Einfach Scheuklappen aufsetzen und los geht es.

Meine ersten Behandlungsversuche

Am selben Abend setzte ich mich zu meinem Schatz auf den Boden und fing an, sie zu massieren. Unglaublich, wie sehr es Maitali genoss. Sie verdrehte die Augen und war total entspannt. So hatte ich sie noch nie erlebt. Eine große Freude für mich. Auf der anderen Seite erschreckend, wie viele Ablagerungen sie hatte. Genau so schlimm, wie beim Menschen.

Ich probierte es bei anderen Hunden aus

Ich dachte, nur mein Hund hätte viele Ablagerungen. Durfte jedoch feststellen, dass es bei anderen Hunden genauso schlimm war. Unglaublich, wie die armen Tiere sich quälen und keiner hilft ihnen. Der Besitzer glaubt, ein wenig Futter, Streicheleinheiten und Gassi gehen reicht. Weit gefehlt, jetzt war meine Neugierde und mein Pioniergeist angestachelt. Ich wollte es genau wissen.

Erweiterung der Behandlungen

Dass was für den Menschen gut war, setzte ich sofort eins zu eins für die Tiere um. Das war leider nicht immer möglich, folglich mussten einige Verfeinerungen her. Durch die tägliche Arbeit gelang es mir, den idealen Weg zu finden. Ein Glücksgefühl und eine große Begeisterung erfüllten und beseelten mich. Genau das war es, was die Tiere unbedingt benötigten. Es war eine spannende Zeit, die auf mich und meinen Schatz zukam. Jeden Tag waren wir am Arbeiten. Wenn ich nicht auf die Minute genau anfing, kam sie zu mir an den Schreibtisch und schupste mich.

Rücken-Massage

Das war unsere erste Übung. Maitali genoss es intensiv, drückte fest ihren Rücken zu mir hin, dass ich ihre Wirbelsäule entlang massieren konnte. Sie kugelte sich vor lauter Freude von rechts nach links. Das gab mir den Mut, auch andere Behandlungen auszuprobieren.

Ganzkörper-Massage

Vom Rücken ging es über den gesamten Körper, buchstäblich von den Pfoten bis zum Kopf. Welch eine Wonne für meinen Schatz.

Es war unglaublich, wie viele Verspannungen sie aufwies, verrückt, diese Verhärtungen. Auf der anderen Seite, so gehen die Menschen auch mit sich selbst um. Nur wenige lassen sich ihre Verspannungen massieren. Für die meisten scheint es nach wie vor etwas Komisches und nicht Existentes zu sein. Nun denn, letztlich muss jeder wissen, wie er mit sich umgeht. Schade ist es nur für die armen Tiere, die keine andere Wahl haben.

Kopfreflexzonen-Massage
Das war ein besonderer Genuss für Maitali, über die Reflexzonen den gesamten Körper zu erreichen. Auch wenn einige von Ihnen jetzt vielleicht denken, dass das wohl alles ein wenig dekadent ist. Diese Erfahrung durfte ich oft mit komischen Bemerkungen, von Ignoranten sammeln. Wenn ich von einer Thematik nichts weiß, hüte ich mich jeglichen Kommentars. Wozu denn auch? Da wären wir beim alten Prinzip, dass es wesentlich sinnvoller ist, sich um seine eigenen Belange zu kümmern.

Ohrreflexonen-Massage
Das wurde zu ihrer Lieblingsbehandlung. Da entspannen sich die Hunde total und verdrehen dabei die Augen. Eine sinnliche Behandlung, wo sogar nervöse Hunde völlig ruhig werden. Über die Reflexzonen der Ohren, Ihren Schatz zu erreichen, wunderbar.

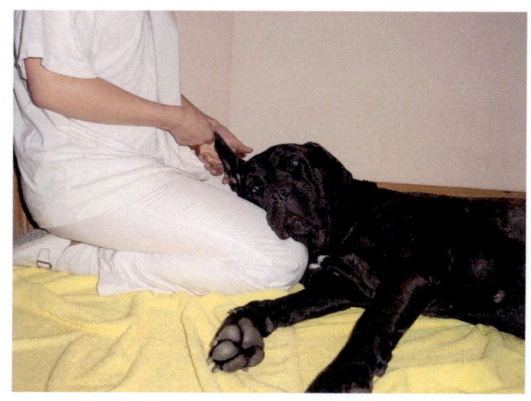

Pfotenreflexzonen-Massage

Cool da zu liegen, dass eine Pfötchen locker in der Hand des Behandlers und es genießen, genau das wurde immer stärker zum Thema. Ob klein oder groß, alle genossen es sichtlich. Was den Menschen bei der Fußreflexzonen-Massage gut tut, ist auch für die Tiere wie geschaffen. Es gilt wie so oft im Leben, neue Wege zu beschreiten und die alten Pfade zu verlassen. Was es benötigt, sind Ideenreichtum und Mut, es umzusetzen. Ohne dabei auf sein Umfeld zu achten. Es gibt viele Menschen auf dieser Erde, die alles besser wissen und können, jedoch selbst nichts richtig gebacken bekommen.

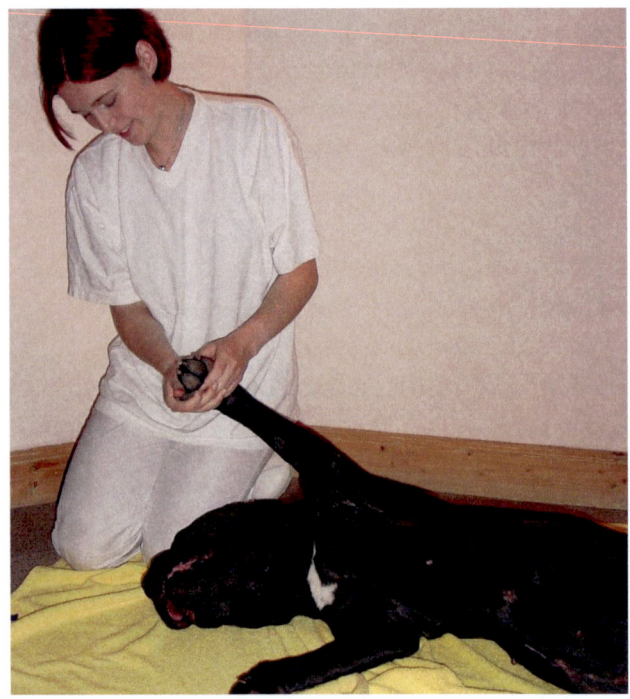

Synchro-Massage

Die Krönung der gesamten Behandlungen ist natürlich die Synchro-Massage, die von zwei Behandlern durchgeführt wird. Dies geht nur bei größeren Hunden. Eine halbe Stunde des wohligen Genießens. Dass was für die Menschen ein absoluter Traum ist, ist auch für die Tiere, das Höchste der Gefühle.

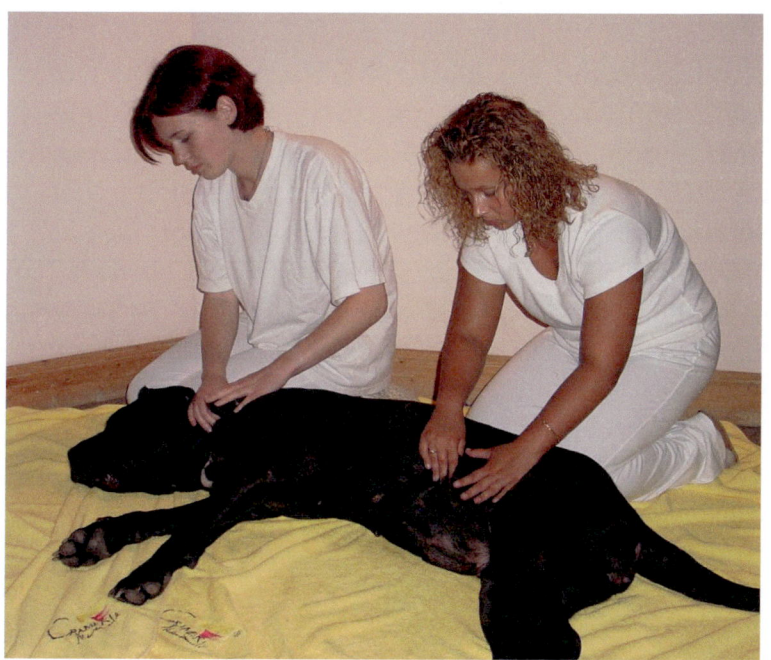

Doggy-Wellness ist nichts für meinen Hund

Diese Aussage hören wir häufig. „Wissen sie, mein Hund würde so etwas nicht mitmachen. Der ist zu nervös, zu kitzelig oder sonst irgendeine andere Story!" Das Gegenteil ist der Fall, wir haben noch keinen einzigen Hund erlebt, der es nicht sichtlich genossen hat. Das Problem sind die Hundebesitzer. Ich mag Menschen mit ihren vorgefassten Meinungen. Was nicht ins Bild passt, wird kategorisch abgelehnt. Welch ein tristes und einfaches Leben daraus resultiert, anstatt offen durch die Welt zu gehen. Permanent bereit neue Dinge anzuschauen, sich dem Experiment hinzugeben und dann erst ein Urteil zu fällen. Nein, da macht man es lieber bereits im Vorfeld und kommt sich dabei unendlich stark vor.

Kunden bekamen mit, dass es Maitali besser ging

Es war erstaunlich und zugleich sehr erfreulich, wie mein Maitali zusehends fitter und vitaler wurde. Ihr ging es richtig gut, sie war sehr glücklich, strotzte vor reiner Lebensenergie und -freude. Es hat unsere Erwartungen, bei Weitem übertroffen. Dies war die Geburtsstunde von Doggy-Wellness, nach der Schweizer Methode Ernst Crameri. Von da an ging es stetig bergauf.

Immer mehr buchten die Behandlungen

Es sprach sich herum und die Leute fragten an, ob das was für den eigenen Schatz wäre. Aus einem kleinen Versuch, meinem Hund zu helfen, wurde innerhalb von drei Jahren eine gigantische Sache. Kurze Zeit später erhielten wir unzählige Nachfragen nach Ausbildungen für den Hausgebrauch und für Profis, um es in der eigenen Praxis anzuwenden.

Zahlreiche Fernsehsender kamen

Dutzende Fernsehsender waren mittlerweile in Bad Dürkheim und berichteten live von den wunderbaren Möglichkeiten. Wir haben viel Spaß und Freude erlebt, wenn Herrchen, Frauchen und die Vierbeiner gemeinsam relaxen, sich alle drei behandeln lassen. Lebensfreude pur heißt das Thema! Zur Freude von Millionen Fernsehzuschauern. Nach den Sendungen schnellte die Buchungsrate nach oben und wie.

Wir schnürten die ersten Pakete

Aufenthalt im Viersterne Hotel, mit Behandlungen für die gesamte Familie. Unzählige, weitere Presseberichte wurden veröffentlicht. Bis nach Amerika verbreiteten sich die Nachrichten, was man alles mit Doggy-Wellness erreichen kann. Entspannung pur für Frauchen/Herrchen und Vierbeiner. Welch ein Traum, sie in vereinter Symbiose zu sehen, wie jeder die Seele baumeln lässt.

Mittlerweile ist daraus sogar ein Boom geworden

Wie überall, wo viel Licht ist, zieht es die verschiedensten Leute an. Immer mehr bieten Doggy-Wellness Massagen und Ähnliches an. Ich werde oft gefragt, ob die Leute gut sind. Das kann ich nicht beurteilen, denn ich weiß nicht, welche Ausbildung diese genossen haben, wie es in der Praxis umgesetzt wird. Ich weiß nur, wie unsere Leute ausgebildet werden.

Siehe das Buch Doggy-Wellness

Wenn Sie das Thema näher interessiert, im Herbst erscheint das große Doggy-Wellnessbuch, mit unzähligen Erfahrungsberichten, Techniken und den Zukunftsperspektiven.

Doggy-Wellness Lehrgänge

Die logische Konsequenz aus dem Ganzen war, dass man gute Dinge unbedingt in die Welt hinaustragen muss. Wir konnten in Bad Dürkheim unmöglich alles abdecken. So fingen wir vor gut fünf Jahren, mit Lehrgängen an. Dabei unterscheiden wir, zwischen Kurse für den Hausgebrauch, wo man lernt, mit wenigen Griffen seinem Schatz Gutes zu tun und den Profilehrgängen, für die geschäftsmäßige Anwendung.

Riesige Resonanz

Die Resonanz ist groß, denn der Bedarf für solche Behandlungen ist immens. Zumal diese ohne großen Aufwand, direkt bei den Hundebesitzern vor Ort durchgeführt werden können. Man benötigt nicht einmal eigene Behandlungsräumlichkeiten. Der Boom verstärkt sich zusehends, da sich die Zivilisationserscheinungen nicht nur bei uns Menschen einnisten, sondern auch bei den gesamten Vierbeinern. Hinzu kommt, die nicht optimale Haltung, oftmals in zu kleinen Wohnungen.

Kurse für den Hausgebrauch

Ein Wochenende lang mit seinem Schatz anreisen und an ihm lernen, wie man mit wenigen Griffen Gutes bewirken kann. Viele Leute meinen dann netterweise „Ich massiere mein Tier auch!" Wie nett, es ist jedoch weitaus mehr, als ein wenig Streicheln.

Lehrgang für die professionelle Anwendung

Die verschiedensten Formen der Behandlung sind in einzelne Behandlungsabschnitte aufgeteilt. Die Kursteilnehmer lernen, wie man mit den Hunden richtig umgeht und die Behandlungen durchführt. Alles, für den professionellen Bereich. Eine Ergänzung für bereits bestehende Geschäfte oder bei Neugründungen.

Gibt es auch Katzen-Wellness

Wenn wir diese Frage gestellt bekommen, muss ich schmunzeln. Selbstverständlich können Sie auch Ihre Katze nach dem Lehrgang massieren. Es jedoch in die professionelle Form umzusetzen, darin sehe ich eine gewisse Problematik, doch lesen Sie nachfolgend selbst.

Das Wesen der Katzen

Katzenbesitzer kennen es. Katzen sind sehr eigen und lassen sich ungern kategorisieren. Dadurch ist es relativ schwierig, eine Katze dahin zu bewegen, dass sie eine halbe Stunde ruhig liegen bleibt und die Behandlung über sich ergehen lässt.

Für zu Hause kein Problem

Wenn Ihre Katze gerade Lust hat und für ihre Schmusezeit zu Ihnen kommt, ist sie sehr wohl empfänglich, für einige spezielle und wohltuende Griffe. Wenn sie das jedoch nicht will, tut sie es schnell kund, sie steht auf und läuft weg. Ansonsten wird gebissen oder gekratzt.

Für die professionelle Anwendung eher ungeeignet

Ich bin ein innovativer Mensch, der alles gerne ausprobiert und stets das Positive sieht. Ein professionelles Katzenmassage-Business aufzubauen, da sehe ich keinen Sinn darin. Aus besagten Gründen, denn wenn eine Katze nicht will, haben Sie keine Chance. So müsste der Termin abgesagt werden. Zudem kommt erschwerend hinzu, dass Katzen nach wie vor zu der Gattung der Raubtiere zählen und dies voll und ganz ausleben. Ich möchte als Behandler nicht mit Kratzspuren herumlaufen.

Gerne lass ich mich vom Gegenteil überzeugen

Da es auf unserer Welt nichts gibt, was es nicht gibt, lasse ich mich gerne vom Gegenteil überzeugen. Vielleicht sehen gerade Sie die große Chance, den Katzen im größeren Stil und nicht nur der eigenen, diese Behandlungen angedeihen zu lassen. Teilen Sie mir bitte Ihre Erfahrungen mit. Ich freue mich sehr darüber, gerne lass ich mich eines Besseren belehren.

Tierärzte oder Heilpraktiker

Ich habe im Laufe der Jahrzehnte, manchen Tierarzt kennenlernen dürfen. Wahnsinn, was da abgeht, unvorstellbar. Nun denn, wieso sollte es bei Tierärzten anders sein, als bei denen für Menschen. Es gibt Nette, die auf das Tier und den Besitzer eingehen und die andere Fraktion, wo ich mich fragen muss, wie konnte man nur so einen Beruf erlernen. Das ist für mich unglaublich. Nun denn, da muss eben jeder Tierbesitzer selbst seine Wahl treffen, oder nicht. Ich plädiere dafür, dass man zu den mündigen Bürgern gehört.

Suchen Sie frühzeitig den Tierarzt Ihres Vertrauens

Das ist etwas vom Wichtigsten, denn manchmal muss es ganz schnell gehen. Da können Sie nicht noch lange nach einer Adresse suchen, ist absoluter Handlungsbedarf gefragt. Für mich war es enorm wichtig, einen Tierarzt zu haben, der ins Haus kommt. Das machen die wenigsten. Ich wollte aber meinen Tieren den Stress des Transportes und den Besuch beim Tierarzt, mit vielen anderen Tieren, möglichst ersparen. Dies war leider nicht immer machbar. Soweit es möglich war, hatte ich dies im Laufe der Jahre umgesetzt. Das kann ich Ihnen auch nur empfehlen. Sagen Sie nicht gleich im Vorfeld, das geht nicht. Bevor Sie dies behaupten, testen Sie es. Fragen Sie den Tierarzt, ob er bereit ist, zu Ihnen ins Haus zu kommen. Wenn ja, welche Mehrkosten eventuell entstehen.

Tierarzt oder Heilpraktiker

Diese Frage höre ich häufig. Was ist besser, wo würden Sie hingehen? Da ich erstens ein ungläubiger Thomas bin, zudem sehr skeptisch und von vorneherein nichts glaube, mir selbst sehr viel Wissen angeeignet habe, ergibt das doch eine brisante Mischung. Wenn es nicht stimmt, bin ich sofort weg. Ich war mit meinen Tieren bei etlichen Tierärzten und Heilpraktikern. Bei den Heilpraktikern habe ich festgestellt, dass diese bis zu einem gewissen Punkt kommen, und dann doch der Tierarzt erforderlich ist. Ich möchte den Tierheilpraktikern weder ihr Wissen, noch ihre Fachkompetenz absprechen. Für mich ist ein Top-Tierarzt, welcher auch die ganzheitliche Medizin betreibt, die bessere Wahl, weil er im Notfall gleich operieren kann. Wieso sollte ich diesen Umweg gehen und teilweise doppelte Kosten verursachen?

Die soziale Kompetenz

Für mich zählen die sozialen Kompetenzen und nicht nur der fachliche Bereich. Was nützt mir ein großartiger Spezialist, der diese Fähigkeiten nicht aufweist? Mein Tier und ich benötigen ebenso die menschliche Komponente, schließlich geht es öfters um die Frage „Leben oder Tod?" Leider musste ich feststellen, dass hier die sogenannten Soft Skills fehlen. Welche Ignoranz und Überheblichkeit ich da oftmals erleben durfte. Schon bedenklich, wie man sich gegenüber Lebewesen benehmen kann. Auf der anderen Seite, wie läuft es in der Humanmedizin ab? Vielleicht haben Sie auch schon Ihre Erfahrungen sammeln dürfen?

Die Spezialisten

Ob Spezialisten besser sind, ich kann es zumindest aus meiner Erfahrung her nicht berichten. Mir ist ein guter, menschlicher Allgemein-Tiermediziner lieber. Das müssen Sie für sich selbst herausfinden. Sorgen Sie rechtzeitig dafür, dass Sie Kontakte aufbauen. Im Notfall eine sofortige und kompetente Hilfe erhalten.

Die Odyssee

Was ich in den drei Jahrzehnten erlebt habe, hier in einer kurzen Zusammenfassung. Ich bin mir hundertprozentig sicher, Sie können auch auf etliches zurückblicken, wenn Sie seit längerem Tierbesitzer sind. Wenn nicht, möge es Ihnen helfen, die für Sie optimalen Entscheidungen zu treffen.

Der Tierarzt Ihres Vertrauens
Ich war unendlich froh, zum Schluss den für mich und in erster Linie natürlich für meine Tiere, Arzt des absoluten Vertrauens gefunden zu haben. Es hat mir viel Sicherheit gegeben, nicht alleine dazustehen. Das ist das Schlimmste, was passieren kann. Es gibt nichts Schöneres, als ein wunderbares Verhältnis aufzubauen, des gegenseitigen Vertrauens und Respekts.

Das Leben von Maitali
Als junger Hund kam sie zu mir und war am Anfang noch richtig staksig. Ihre Pfoten waren unendlich riesig, dass sie Mühe hatte zu laufen. Deswegen ist sie im Bad Dürkheimer Kurpark umgeknickt und humpelte danach. Nichts als los zum Wochenend-Notdienst. Wie es manchmal eben ist, geschehen solche Dinge gerne am Wochenende. Der Tierarzt hatte gerade die Praxis von seinem Vater übernommen. Das Röntgen des Beinchens war ein recht komplizierter Akt, bis ich und der Arzt die Röntgenschutzweste angezogen hatten und es endlich losging. Die Inkompetenz war so groß, dass ich dort nie mehr hin musste.

Der Babywunsch
Folglich ging ich zum nächsten Tierarzt. Dieser sagte zu mir, bevor man züchtet, muss der Hund geröntgt werden, ob nicht HD vorhanden ist. Ich war leider etwas unbedarft und willigte ein.

Mit dem Ergebnis, dass eine geringfügige HD vorhanden war und es besser für die Hündin, als auch für die Welpen sei, wenn sie keine Babys bekommen würde. Leider ließ ich mich zu schnell aus dem Rennen schlagen. Rückblickend unendlich traurig, dass ich damals so viel Unmündigkeit gezeigt habe. Denn sie wäre mit Sicherheit eine großartige Mama gewesen. Daraus habe ich natürlich gelernt, noch lange nicht alles zu glauben.

Entzündete Augen
Ich rief den Verband der Molosser an, was in diesem Fall zu tun wäre. Unbedingt zu einem Spezialisten gehen, der sich mit diesen großen Rassen auskennt. Gesagt getan, ich fuhr mit Maitali dahin, um zu sehen, was es für eine Lösung gibt. Dieser Tierarzt gehörte zu den ganz Schnellen, den sogenannten Überrumplern. „Das machen wir gleich, entfernen schnell das dritte Lid und danach ist alles wieder in Ordnung!" Bevor ich mich richtig umschaute, hatte Maitali bereits eine Spritze intus und sackte zu Boden.

Ich war zu perplex, heute würde mir so etwas nicht mehr passieren. Es ist eine riesengroße Unverschämtheit, dermaßen mit der Unsicherheit von Hundebesitzern umzugehen. Wenige Minuten später war das Lid bereits entfernt und das Blut quoll aus den Augen. „Das ist erledigt, wir tragen sie ins Auto und dann können sie nach Hause fahren!" Eins, zwei, drei lag Maitali auf der Rücksitzbank. Immer noch in tiefer Narkose. Sie wachte erst einige Stunden später auf. Das habe ich trotz vielen Operationen danach, nie mehr erlebt. Es war schlicht und einfach eine riesengroße Sauerei! Ich beschwere mich beim Verband, wie man solch eine Empfehlung aussprechen kann. Die Gegenantwort war sofort „Das können wir nicht verstehen, im Verband sind alle mit ihm zufrieden. Er verkehrt auch bei vielen Züchtern." Na bravo, herzlichen Glückwunsch.

Leistenbruch

Maitali tobte oft wie eine Wilde und fiel dabei in einen Graben. Mit der Zeit zeichnete sich klar ein Leistenbruch ab. Ich ging zum örtlichen Tierarzt und der meinte, dass eine Operation unvermeidlich ist. Ich traute ihm das nicht zu und fuhr lieber in eine Tierklinik mit großem Namen. Die Unpersönlichkeit, die in dieser Klinik vorherrschte, war genauso unschön wie die zügige Massenabfertigung. Ein riesiges Durcheinander von Mensch und Tier. Die einen strahlten, andere waren am Weinen und viele, unruhige Tiere. Ein Kommen und Gehen.

Jemand nahm Maitali in Empfang und meinte, ungefähr eine halbe Stunde, dann ist alles überstanden. Bange Minuten im Wartezimmer, es dauerte aber wesentlich länger. Auf die Frage, was los sei, bekamen wir zur Antwort, wir müssten uns gedulden. Endlich ging die Türe auf und Maitali wurde in einen Extraraum geschoben, wo sie bis zum Aufwachen bleiben sollte. Dies hat über eine Stunde gedauert. Sie war danach total schwach und zerbrechlich. Erbrach an den folgenden Tagen, eine Auswirkung der relativ starken Narkose.

Narkosen

Welch unglaubliche Unterschiede es gibt. Teilweise mutet es richtig mittelalterlich an. Ein Narkosemittel wird in die Venen gespritzt, anscheinend in der Hoffnung, dass es passen wird. Nun denn, manch ein Tier wacht danach nicht wieder auf. Ich bin mir fast sicher, sollte der eine oder andere Tierarzt das lesen, könnte sich Opposition rühren. Das ist jedoch weiters nicht schlimm. Es gibt zum guten Glück noch andere Kollegen, welche die Dosierung mit Überwachungsapparaten lösen, wie bei der menschlichen Narkose. Im Nachhinein kann ich unendlich froh sein, dass mein Schatz immer aufgewacht ist.

Magenumdrehung

Hier ging es tatsächlich um Minuten. Ich war zu diesem Zeitpunkt gerade in einem Hotel, mitten in einer wichtigen Besprechung. Mein Hund war ausnahmsweise zu Hause im Büro geblieben, weil in diesem Hotel keine Hunde erlaubt waren. Plötzlich fing Maitali an zu röcheln, die Augen zu verdrehen und hatte Schaum vor dem Mund. Da meinte die eine Mitarbeiterin „Ach, die hat es am Kreislauf. Es ist viel zu warm!" Die Geschäftsführerin erkannte zum guten Glück, dass es etwas anderes sein muss. Sie telefonierte mit dem Tierarzt vor Ort. Der sagte sofort kommen, das ist eine Magenumdrehung. Das ist lebensgefährlich! Nur, es war kein Auto da. Kein Problem, vier Minuten später waren bereits seine Helferinnen da und luden Maitali ins Auto. Das nennt man einen super Kundenservice.

Sorgen Sie dafür, dass auch Sie so einen Tierarzt Ihr eigen nennen können. Mittlerweile hatte man mich erreicht. Ich beendete die Sitzung und raste nach Hause. Zum guten Glück war die Autobahn frei und bei 260 km/h durfte ich die Entscheidung treffen, ob sie sofort erlöst werden soll, oder noch operieren. Der Tierarzt war am Telefon und wollte von mir eine schnelle Entscheidung. Oh Mann, kein leichtes Unterfangen. Ich fragte in dieser äußersten Stresssituation ziemlich dumm nach der Überlebenschance. Er meinte, die wäre sehr sehr gering. Einschläfern oder Operieren drängte er. Es wäre keine Minute Zeit mehr. Welch furchtbare Frage, ich hatte überhaupt keine Zeit zum Überlegen. Für mich war jedoch klar, wenn es nur eine Promille Überlebenschance gibt, unverzüglich Operation.

Die Operation dauerte fast drei Stunden

Mittlerweile hatte ich Bad Dürkheim erreicht und mein Weg war sofort in die Praxis. Ich hätte keinen klaren Gedanken im Geschäft fassen können. Es ging schließlich um Leben und Tod! Mein Schatz stand am Abgrund. Gisela Nehrbaß, die Geschäftsführerin war bereits im Wartezimmer. Die Minuten wurden zu Stunden. Ich wurde zusehends nervöser und versuchte mir Hoffnung zu machen. Solange sie am Operieren sind, lebt sie noch. Nicht auszumalen, wenn sie stirbt. Meine Welt würde zusammen stürzen. So gut es ging versuchte ich, den Gedanken zu verdrängen. Plötzlich ging die Tür auf. Beide stürzten wir hoch, es war die Helferin. Wir sollten uns gedulden, es würde noch dauern. Es gab Komplikationen, oh nein! Ich wollte Einzelheiten wissen, sie meinte nur, der Arzt wird ihnen nachher alles erklären. Sollte das jetzt das Ende bedeuten? Bitte nein, nie und nimmer, dennoch war mir eines in dem Moment klar, es wird der Tag kommen, wo ich sie gehen lassen muss. Endlich ging die Türe auf und wir durften zu ihr in den Operationssaal.

Ich konnte es kaum fassen, hier lag Maitali, grinste mich bereits freudestrahlend an und wedelte wie wild mit ihrem Schwanz. In wenigen Minuten stand sie wieder auf den Beinen. Was war denn das? Eine Zaubernarkose? Bisher kannte ich es nur, dass mein Hund erst Stunden später aufwachte, wie bei dem Spezialisten für diese Hunderasse, oder in der Klinik im Wachraum. Danach noch mehrere Male erbrochen hat. Und jetzt alles kein Problem. Ich fragte den Arzt, was die Ursache wäre, wieso Maitali so locker und ohne Probleme aufgewacht ist. Der Arzt erwiderte „Weil wir die neueste Technik anwenden und Maitali nur die Menge Narkosemittel verabreicht haben, um nicht den gesamten Organismus zu belasten." Na bravo, was für ein Erfolgserlebnis!

Gebärmuttervereiterung
Auch das war eine nette Geschichte. Ich befand mich gerade in meiner Heimat St. Moritz. Maitali wurde zusehends apathischer und hatte Ausfluss. Ich ging zum Tierarzt vor Ort. Er schaute sich das Ganze von oben herab an und meinte, halb auf dem Schreibtisch sitzend, mit verschränkten Armen „Wir müssen gleich heute Abend noch operieren. Das sieht nicht gut aus. Lassen Sie den

Hund hier!" „Ja, wieso und warum?" wollte ich wissen. „Durch die Gebärmuttervereiterung geht es ihr zusehends schlechter, wir müssen sofort operieren!" „Ich wollte übermorgen zurück nach Deutschland fahren, ist sie da transportfähig?" „Natürlich, kein Problem, jetzt bereiten wir sofort die Operation vor!" Er rief die Helferin, dass es in wenigen Minuten losgeht. Das konnte doch nicht wahr sein, ich habe überhaupt noch nicht mein Okay gegeben. Was soll das und ruckzuck schon einmal gar nicht. So ein überheblicher und eingebildeter Typ, der will anscheinend noch schnell Geld verdienen.

Die Kosten beliefen sich auf fast Sfr. 1.800,-, was nicht gerade billig war. „Ich muss mir das überlegen." „Das darf doch nicht wahr sein, was sind sie nur für ein Hundebesitzer?" fragte er mich und schaute dabei die Helferin an. „Ach, so etwas ist mir noch nie in all den Jahren begegnet. Da liegt der Hund, gehört dringend operiert und das Herrchen weiß nicht genau, was er machen soll." Ich bat um eine kurze Bedenkzeit und ob ich telefonieren dürfte. Mit einem Grinsen meinte er „Wir warten noch 10 Minuten und dann war es das für heute."

Wie gut, wenn es passt
Ich rief sofort unseren Tierarzt in Bad Dürkheim an. In der Praxis war er nicht anzutreffen, folglich wählte ich die Nummer zu Hause. Das geht natürlich nur, wenn man ein gutes Vertrauensverhältnis aufgebaut hat. Ich kann Ihnen das sehr ans Herz legen. Tun Sie es unbedingt, schaffen Sie einen guten Kontakt zu einem Tierarzt. Es ist enorm wichtig und hilft Ihnen genau in solchen Momenten. Als ich ihm die Situation schilderte, meinte er, dass die Diagnose richtig ist. Mein Maitali jedoch nach dieser relativ schweren Operation, niemals am übernächsten Tag transportfähig ist. Das würde länger dauern. Ob er solch eine Operation auch durchführen kann, fragte ich ihn. Er lachte laut und sagte „Selbstverständlich!" „Ob mein Hund, die Rückreise bis nach Deutsch-

land überleben würde, denn es sind schließlich gut sieben Autostunden?" Von diesem komischen Typen wollte ich sie auf keinen Fall operieren lassen. Kein einziges Mal hatte er meinen Hund angefasst und gestreichelt. Kein liebes Wort hat er für Maitali gehabt. Völlig eiskalt und überheblich. Ich erwarte zumindest von einem Tierarzt, dass er mein Tier streichelt und ein paar liebe Worte übrig hat. Nicht aus sicherer Entfernung, mit verschränkten Armen die Situation schnell beurteilt. So jemand will meinen Schatz sofort operieren, nein danke! Darauf kann ich verzichten.

Maitali soll am nächsten Tag in Bad Dürkheim operiert werden
Wir haben uns geeinigt, dass ich am nächsten Morgen, um sieben Uhr mit Maitali in der Praxis, in Bad Dürkheim bin. Auf die Frage, ob sie es überleben wird, meinte mein Tierarzt „Es gibt nur zwei Möglichkeiten, entweder ist sie bereits so geschwächt, dass sie auch die Operation in St. Moritz nicht überlebt, oder spätestens der Rücktransport sich als problematisch erweisen wird. Oder sie hält bis morgen früh durch." Für mich stand fest, der Tierarzt meines Vertrauens sollte sie operieren, denn dieser hat auch meisterlich die Magenumdrehung operiert. Ich bin sofort wieder in die Praxis. „Was ist los, wo ist der Hund, wir haben alles vorbereitet?" „Wir fahren zurück nach Deutschland." „So etwas Unvernünftiges habe ich noch nie erlebt. Nun denn, wenn sie ihren Hund umbringen wollen!" Er wollte weiter reden, ich bat ihn jedoch um die Rechnung. „Sfr. 150,-." Ich musste kurz schlucken, soviel Geld für eine Minutendiagnose.

Unglaublich, ich hatte aber keine Lust mehr, mich mit diesem Menschen zu unterhalten. Ich zahlte und ging, nicht einmal mein Gruß wurde erwidert. Leider gibt es keine Handhabe gegen solche Menschen. Außer mit anderen Hundebesitzern darüber zu sprechen und sie eingehend vor solchen Typen zu warnen. Manchmal nützt auch das nichts. Meine Schwester Yvonne hatte ich davon in Kenntnis gesetzt. Sie hat dennoch ihren Kater zur Zahnsteinentfernung hingebracht. Von der dieser leider nie mehr zurückkam. Lapidar kam die Antwort „Wissen sie, der Kater hatte ein schwaches Herz!" Super, kein Wort der Entschuldigung. Eine völlige Ignoranz. Wenn Sie auch solch nette Geschichten kennen, sprechen Sie mit anderen Besitzern darüber. Hundebesitzer sind zum Glück leicht zu erkennen. Ich finde es wichtig, dass sich solche schlechten Nachrichten verbreiten, genauso wie gute.

In der Nacht bin ich noch losgefahren

Ich bin sofort zu meinen Eltern gefahren und habe gepackt. Maitali lag apathisch da. Meine Mutter wollte wissen, was los ist. Als ich ihr es erklärte, meinte sie „Du hast immer etwas, der Mann ist doch sehr nett!" Na klasse, da hatte ich meine Lektion wieder. Nur, es interessierte mich nicht. Denn wäre Maitali gleich operiert worden, hätte meine Mutter bestimmt durchgedreht, weil sie damit vollkommen überfordert gewesen wäre. Eine halbe Stunde später waren wir unterwegs. Eine traurige und lange Fahrt. Zwischendurch hielt ich an und schaute, ob mein Schatz noch lebt. Zum guten Glück lief alles reibungslos. Am nächsten Morgen wurde operiert und auch diese Geschichte nahm dank meiner richtigen Entscheidung, ein gutes Ende. Maitali hatte nach der Operation noch einige Tage ihre Schwierigkeiten, aber danach war sie wieder die Alte.

Menschlichkeit lässt manchmal zu wünschen übrig

Es ist wie überall in den Berufen, die Menschlichkeit lässt häufig zu wünschen übrig. Dass manche Personen so eine Überheblichkeit und Ignoranz an den Tag legen können, ist für mich als Frohnatur, unverständlich. Als kleines Kind waren diese doch alle nett und gut drauf. Danach müssen ihnen irgendwelche schrecklichen Dinge begegnet und zugestoßen sein, dass man mit dieser Art durch die Welt geht. Das ist oft eine große Zumutung für die Mitmenschen. Gott sei Dank haben wir das Glück der Wahl, dass wir zu solchen Menschen nicht mehr hingehen müssen.

Wehren Sie sich

Das ist meine klare und deutliche Botschaft. Wenn Sie nicht zufrieden sind, gehen Sie. Sie haben es wahrlich nicht nötig, sich dumm anmachen zu lassen. Ihr Tier jemanden in die Hände zu geben, der es grob behandelt, oder keine Tierliebe in sich hat. Sie tragen voll und ganz die Verantwortung dafür. Stehen Sie dazu, auch wenn manch einer von Ihnen vielleicht gerade denkt „Das kann man doch nicht machen!" Dies sind solch idiotische Glaubenssätze, die meine Mutter gerne zu sagen pflegt. Genauso wie „Das tut man nicht!" „Was könnten die anderen denken?" Vergessen Sie die alten Glaubensmuster, sie hindern Sie auf Ihrem Lebensweg. Die anderen können denken und sagen, was sie wollen. Wir leben zum guten Glück in einem völlig freien Land, wo dies möglich ist. Kümmern Sie sich in erster Linie um Ihre Belange. Da haben Sie genug zu tun.

Sie müssen doch bezahlen

Selbstverständlich dürfen Sie die Tierarztrechnung bezahlen. Oder ist das bei Ihnen anders? Ich glaube nicht, folglich ist es nicht nur Ihr gutes Recht, sondern Ihre Pflicht für das Geld eine Top menschliche Leistung einzufordern. Geben Sie sich nie mit etwas anderem zufrieden. Wer Geld bezahlt, darf den entsprechenden Gegenwert einfordern. Wenn man etwas geschenkt bekommt, sieht es anders aus. Da muss man dankbar sein und darf nichts auszusetzen haben.

Hören Sie auf Ihr Gefühl
Das ist die nächste Botschaft. Ihr Gefühl kennt sich gut aus. Wenn ansatzweise etwas nicht stimmt, hören Sie darauf. Ich kenne Menschen, bei denen klappt das wunderbar und andere, die haben ihr Gefühl verschüttet. Graben Sie es unbedingt wieder aus. Lassen Sie sich davon leiten, es bringt Ihnen hundertprozentige Gewissheit und unterstützt Sie mit manchen Unwägbarkeiten, auf Ihrem Lebensweg.

Lassen Sie sich nichts bieten
Auch dies ist ein sehr bedeutendes Thema, auf dem Weg zum Glück und zur Zufriedenheit. Sie sind nicht hier auf Erden, um zu schlucken und zu erdulden. Das Leben ist stets ein Geben und Nehmen. Dies muss in Einklang sein, immens wichtig für Frauen. Denn diese tendieren häufig zu solch einem Verhalten. Haben sofort ein Alibi parat „Wir sind halt so erzogen worden!" Welch ein Blödsinn, Sie sind doch nicht zur Gehorsamkeit erzogen worden. Vergessen Sie diese Märchen schnell. Sie schaden sich dadurch am meisten. Wenn Sie das Thema näher interessiert, lesen Sie mein Erfolgsbuch

„Fange endlich an zu leben!"

Darin ist beschrieben, wie wertvoll es ist, das Leben wirklich in seine eigenen Hände zu nehmen. Zu seinen geheimen Wünschen, Träumen, Sehnsüchten und Vorstellungen zu stehen. Nie mehr etwas erdulden.

Gehen Sie

Ja, gehen Sie, gehen Sie wirklich und bleiben Sie keine Minute länger, als nötig. Wozu denn auch, es gibt viele gute Tierärzte, die ein großes, offenes Herz für Sie und Ihren Schatz haben. Dazu noch fachlich hoch qualifiziert sind. Diese gilt es zu finden und sich nicht mit dem Erstbesten zufrieden zu geben. Denken Sie stets daran, beim Tierarzt geht es öfters einmal um Leben und Tod. Eine Todesspritze ist schnell aufgezogen und Ihr Schatz für alle Zeiten von Ihnen getrennt.

Für manche Hundebesitzer unerklärlich

Wissen Sie, was mich bei der ganzen Sache erschreckt? Mit welcher Ignoranz manche Hundebesitzer mit diesem Thema umgehen. Es ist für mich als absoluter Tierliebhaber, leider nicht nachvollziehbar. Da frage ich mich öfters, wieso manch einer sich überhaupt ein Tier hält. Was mögen die ausschlaggebenden Gründe gewesen sein? Menschlichkeit und große Tierliebe?

Wieso solch ein Theater
Schon des Öfteren habe ich diese Aussage gehört „Wie kann man nur so ein Theater machen. Tier bleibt Tier, und wenn etwas ist, kommt das nächste ins Haus!" Mir tun die Tiere von solchen Leuten sehr leid. Ich hoffe, für die Mitbewohner von diesen Menschen, dass sie nicht auch so behandelt werden.

Tierquäler als Hundebesitzer
Das ist ein Abgrund des menschlichen Wesens. Wieso quält man ein Tier? Es liebt einem vorbehaltlos und selbst geht man gemein mit ihm um. Es hat doch überhaupt keine Chance. Solche Dinge finden wir auch bei Kindern oder wehrlosen Menschen. Traurig, dass so etwas zum menschlichen Wesen gehört. Sollten Ihnen derartige Geschehnisse vor Augen kommen, hüten Sie sich nicht davor, es zur Anzeige zu bringen. Das Problem ist hier wie beim Menschen, man sieht Dinge und schaut lieber weg. Keiner trägt die Verantwortung! Jeder ist auf sich bedacht. Das ist eine ungesunde Entwicklung. Tragen Sie mit dazu bei, dass es sich ändert.

Einschläfern lassen
Das habe ich oft gehört. Wieso geben sie so viel Geld für einen

Hund aus? Das ist verrückt, da lässt man das arme Tier lieber einschläfern und holt sich einen neuen Hund. Das kennen Sie bestimmt auch. Da schüttelt es mich vor dieser Unmenschlichkeit. Ein Hund, als reines Objekt. Wenn ich das getan hätte, würden mir traumhafte Jahre mit Maitali und meinen anderen, treuen Weggefährten fehlen. Wie gut, dass es für Menschen die Krankenkasse gibt. Sonst hätten wir das gleiche Problem.

Tierärzte bestätigen diese Haltung
Als Maitali damals die Magenumdrehung hatte, fragte ich meinen Tierarzt, wieso er nicht sofort operiert hat und mich noch fragen wollte. Er antwortete „Um Gottes willen! Viele sind nicht bereit, die Summe auszugeben. Vor allem, wenn das Risiko so hoch ist, gibt es im Nachhinein ein riesen Theater." Da heißt es meistens „Herr Doktor, das hätten sie aber sagen müssen!" Die Mehrheit tendiert zum Einschläfern. Mein Gott bin ich froh, dass ich kein Tierarzt geworden bin. Mich mit Menschen herum zu schlagen und deren Meinung akzeptieren zu müssen. Nein danke, das ist nicht mein Ding. Klar hätte ich damals das Geld sparen können. Danach aber keinen Hund mehr gehabt. Dass man als Mensch so reagieren kann, ist für mich unverständlich.

Kann sich nicht jeder leisten
Das muss ich mir vorher überlegen. Der eine oder andere mag sich jetzt denken, tja, der kann sich das halt leisten. Wenn ich unbedingt ein Tier möchte, dann eines, was nicht viele Kosten verursacht. Das kann ich leider nicht nachvollziehen. Ich hatte lange Zeit, genau 15 Jahre von einem Mastino Napoletano geträumt, bis ich ihn mir endlich leisten konnte. In der Gewissheit, dass ein großer Hund viel frisst und beim Tierarzt höhere Kosten verursacht, da er anfälliger ist. Wenn ich mir etwas nicht leisten kann, verzichte ich darauf. So einfach ist das Spiel.

Für nicht Hundebesitzer unverständlich

Noch krasser sind teilweise die Nichttierbesitzer. Das sind für mich manchmal die Cleversten. Wie viel dumme Sprüche, die ich mir seit Doggy-Wellness anhören sollte. „Auf der ganzen Welt verhungern Kinder und sie machen so etwas Dekadentes!" Nun denn, es gibt Menschen, die leider keine Ahnung haben und Tiefgang besitzen. Als Tierbesitzer muss ich mich jedoch völlig unabhängig von der Meinung solcher Personen machen.

Das ist doch nur eine Katze oder ein Hund

Richtig, es ist nur ein Köter oder ein Katzenvieh, also was soll es. Oft habe ich mir erlaubt, solche Aussagen zu machen „Ach, wenn ihr Kind oder ihr Partner etwas hat, ist doch egal." Das fanden die wenigsten lustig und meinten darauf, das wäre ein himmelweiter Unterschied, zwischen Tier und Mensch. Nun denn, eine reine Einstellungssache. Für mich geht es in erster Linie um ein Lebewesen. Unabhängig, ob aus dem Menschen- oder Tierreich. Beide haben einen Körper, eine Seele und einen Geist, empfinden etwas, also helfen wir auch beiden so gut, wie es geht.

Lassen Sie sich nicht irritieren

Das ist für mich von großer Bedeutung, denn viele Menschen wissen leider nicht, was sie von sich geben. Stellen Sie sich nicht auf die gleiche Stufe, mit solchen Individuen. Schenken Sie sich jegliche Form der Grundsatzdiskussion, denn es nützt absolut nichts. Es kann jeder seine eigenen Gedanken haben und leben, solange er andere nicht einschränkt oder bedrängt. Gehen Sie Ihren Weg und wenn Sie denken, dass es gut für Sie und Ihren Vierbeiner ist, tun Sie es.

Wir alle kommen in die Jahre

Der biologische Abbauprozess wird uns alle treffen, außer wir gehen frühzeitig von dieser Erde. Dies ist eine andere Geschichte. Auch kommen unsere vierbeinigen Freunde in das Stadium, wo nicht mehr alles geht. Jetzt gilt es als Tierliebhaber dafür Verständnis zu zeigen, darauf einzugehen, wie wir es eines Tages auch gerne für uns hätten. Mit Fürsorge, Herzlichkeit und Liebe, möge es manchmal unendlich schwer sein, dies zu akzeptieren.

Da kommen wir alle hin

Jeder der länger lebt, kommt in diese Situation. Ein logischer Ablauf, der leichter wird, wenn wir ihn akzeptieren und uns danach richten. Schenken Sie Ihrem älteren Tier Geduld, viel Liebe und Fürsorge. Mir fiel es manchmal schwer, ich konnte es nicht glauben. Dennoch war die Zeit gekommen, wo es anders lief, wie gewohnt. Wir haben dann gemeinsam andere Dinge unternommen und noch viel Spaß zusammen gehabt.

Wie gehen wir damit um

Das ist keine leichte Aufgabe. Ich habe es an mir selbst erlebt, zu sehen wie mein geliebter Vierbeiner, langsam in die Jahre kam und nicht mehr so konnte. Das tut sehr weh, erkennen zu müssen, wie die alltäglichen Dinge schwerer fallen, ist unfassbar und dennoch gehört es zum Leben dazu. Wie sagt der Volksmund

„Drei Jahre ein junger Hund, drei Jahre ein guter Hund, drei Jahre ein alter Hund!"

Diese Aussage fand ich ein wenig komisch. Ich konnte sie nie nachvollziehen. Bis ich es selbst erleben durfte, dass in diesem Satz unendlich viel Wahrheit steckt.

Wir müssen uns anpassen

Bitte passen Sie sich der neuen Situation an. Sie können unzählige schöne Stunden gemeinsam verbringen und Freude empfinden. Das ist der Moment, wo Sie sich bitte noch nicht die Frage stellen sollten, ob Einschläfern sinnvoll ist. Das macht man doch auch mit alten Menschen nicht. Wie würden Sie sich fühlen, wenn es bei Ihnen eines Tages zur Debatte stehen würde? Ich weiß, dass es bei dieser Passage einige gibt, die den Vergleich absurd finden. Das ist in Ordnung, damit kann ich leben. Es zeigt mir aber auf, dass ich ins Schwarze getroffen habe.

Verständnis haben

Der beste Weg ist Verständnis zu haben. Im Wort Verständnis ist das Verstehen enthalten. Den anderen voll und ganz zu verstehen. Eine große und nicht leichte Aufgabe. Hier hat mir eine alte Indianer-Weisheit geholfen

„Laufe erst einmal eine Meile in den Mokassins des anderen!"

Diese Aussage finde ich wunderschön. Erst wenn wir uns in die Situation des anderen hineinversetzen, können wir nachempfinden, wie es ihm geht. Arbeiten Sie an sich und passen Sie vor allem auf, dass Sie nicht ungeduldig werden. Ungeduld ist leider keine Tugend, sondern hinderlich, auf dem Weg zu einem souveränen Leben. Über den Dingen stehen, ist das große Thema. In der Souveränität hat man immens viel Kraft und Power. Es lässt einem leichter die richtigen Entscheidungen treffen. Die so genannte Adlerperspektive ist gefragt. Siehe mein Buch „Bist du ein Huhn oder ein Adler!" Als Adler geboren und leider als Huhn im Hühnerstall eingesperrt. Das Schicksal von zig Millionen Menschen. Das Buch ist unheimlich spannend. Mit Tipps und Tricks, um endlich den Absprung zu schaffen.

Üben Sie sich in Geduld

Sollten Sie in Ungeduld verfallen, denken Sie daran, eines Tages könnten Sie sich in der gleichen Position finden. Was dann? Auf diese Frage höre ich häufig, das ist etwas anderes. Welch ein Blödsinn, das ist genau das Gleiche. Für mich ist es erstaunlich, wie die Menschen das oft völlig ignorieren, als hätten sie nie Hilfe nötig. Wie schnell sich Dinge ändern können, sehen wir häufig nach einem Unfall oder einer Krankheit. Von einer Sekunde zur anderen ist nichts, aber nichts mehr wie vorher. Wie schön, wenn wir da Menschen an unserer Seite haben dürfen, die gerne ihren Dienst tun, ohne ungeduldig oder sogar pampig zu sein. Ich wünsche es Ihnen von Herzen.

Einschläfern, ja oder nein

Wie schnell manche in dieser Entscheidung sind. Für mich ist es unfassbar, dass etliche Menschen mit einer Leichtigkeit Cäsar spielen. Daumen hoch, heißt Leben und Daumen nach unten, bedeutet Ende, Tod! Nur keinen Stress und vor allem kein Geld ausgeben, wozu denn auch, es sind für solche Momente keine Ressourcen frei. Traurig, aber wahr. Ich kann mich nur nochmals wiederholen. Wenn ich mir etwas nicht leisten kann, lasse ich es. Oder ich sorge dafür, dass ich es mir eines Tages leisten kann. So einfach ist das. Nur, in der heutigen, riesigen Konsumgesellschaft laufen die Dinge ein wenig anders. Da kauft man weit über seine Kaufkraft hinaus. Es ist ja alles leicht geworden. Man finanziert seine Wünsche, und wenn es nicht mehr geht, gibt es genügend Institutionen, die in dieser Situation helfen.

Es naht der schlimmste Tag

Es wird der Tag kommen, vor dem sich fast alle Tierbesitzer fürchten. Der Tag, wo das Tier anfängt, richtig zu leiden. Dann tut Hilfe Not! Es ist wohl der verzweifelndste Moment im Leben. Das Tier leidet zusehends, der Wunsch nach einem natürlichen Tod lässt auf sich warten. Ein grausamer Moment, der einem fortan begleitet.

Der Wunsch nach einem natürlichen Tod

Leider ist der Wunsch heutzutage kaum erfüllbar. Dass ein Tier eines natürlichen Todes sterben darf, scheint mittlerweile selten realistisch. Ich durfte es bei all meinen Tieren, zwei Mal erleben. Frage mich aber im Nachhinein, ob es vielleicht nicht doch besser gewesen wäre, vorher die Todesspritze zu injizieren.

Was tun

Ich kenne diese Frage zur Genüge. Habe Sie mir häufig stellen müssen. Was soll ich machen? Als Tierbesitzer war ich gefragt und hatte Angst davor. Vielleicht befinden Sie sich im Moment in dieser schrecklichen Situation, denn meistens kauft man sich solch ein Buch erst, wenn Hilfe benötigt wird. Besser wäre es, man würde sich früher damit befassen. Aber wer macht es freiwillig, sich mit den Folgen und Konsequenzen einer Todesspritze auseinander zu setzen? Wohl niemand!

Wir sind großartige Verdränger

Des Menschen große Eigenschaft ist die Verdrängung, oder wie viele sagen, das legen wir erst einmal auf Eis. Das sind probate Mittel, um gut über die Runden zu kommen. Umso härter der Moment, wenn es soweit ist und man die entsprechende Entscheidung treffen muss. Ich stand öfters vor diesem Problem und habe es hinaus gezögert, bis es nicht mehr ging.

Die einzelnen Schritte

Es fängt langsam an und plötzlich kommt eine immer schnellere Dynamik ins Spiel. Man spürt, dass etwas nicht stimmt, es zu einer Veränderung gekommen ist. Nimmt es kurz wahr, um es gleich wieder auszublenden. Zu guter Letzt überschlagen sich die Ereignisse. Schauen wir es uns im Einzelnen an.

Erste Störungen

Es gibt die verschiedensten Störungen, die auftreten. Man stellt fest, dass etwas nicht stimmt. Hofft, dass es von alleine vorbeigeht. Wenn man Glück hat, ist der Körper imstande manches selbst zu regulieren. Man vergisst es wieder und ist glücklich darüber. Einige Zeit später, das gleiche Phänomen. Hoffnung, dass es erneut verschwindet. Wenn man nochmals Glück hat, funktioniert es auch dieses Mal. Irgendwann haut das nicht mehr hin. Die Störung bleibt und Sie gehen zum Tierarzt. Manche rennen gleich zum Arzt, andere warten länger. Ich denke, hier ist der goldene Mittelweg, der richtige.

Der erste Besuch beim Tierarzt

Wohl oder übel geht man hin. Denkt, ach so schlimm wird es schon nicht sein. Sitzt im Wartezimmer und wartet. Jede Menge Tiere mit ihren Besitzern sitzen da. Meistens herrscht keine sehr fröhliche Stimmung. Jeder schaut vor sich hin, oder streichelt sein Tier. Alle harren der Dinge, die da kommen werden. Der Tierarzt untersucht Ihren Schatz und stellt eine Diagnose. Von schlimm, bis hin zu einer Störung. In den seltensten Fällen ist es akut. Sie erhalten Medikamente, das Tier bekommt Spritzen, es wird geröntgt, oder eventuell ist eine Operation angesagt.

Sie glauben es, oder konsultieren einen weiteren Tierarzt
Je nachdem, wie Sie strukturiert sind. Es hängt natürlich auch von der Krankheit ab. Ich bin oft zweigleisig gefahren. Es hat mir ein besseres Gefühl gegeben, da es in allen Bereichen zu Fehldiagnosen kommt, ist ja kein Geheimnis. Manchmal habe ich auch direkt gehandelt. Sie müssen das für sich so handhaben, dass Sie auf alle Fälle ein gutes Gefühl dabei haben. Ich finde eines wichtig, wenn es um größere Geschichten geht, nie sofort zu handeln. Außer, wenn es sich um lebensbedrohliche Erkrankungen handelt, wie zum Beispiel bei einer Magenumdrehung. Da haben Sie natürlich keine Zeit zu verlieren.

Ansonsten liegt buchstäblich in der Ruhe die Kraft. Wichtig ist, nie etwas zu überstürzen. Wir leben mittlerweile im Zeitalter des Internets. Begeben Sie sich ruhig einmal auf die Suche. Sie werden manches finden. Wichtige Informationen und weniger wichtige. Verschaffen Sie sich einen Überblick. Es ist wie bei einem Arzt für Menschen. Man besucht zehn Stück und erhält zehn Diagnosen. Nun kann man sich die Beste aussuchen. Die meisten Menschen holen sich nicht einmal eine zweite Diagnose.

Sie hoffen erneut
Wie heißt es im Volksmund „Die Hoffnung, ist das Letzte, was stirbt!" Folglich halten wir sie aufrecht, bis zum Schluss. Meistens schlägt die Behandlung an und man ist frohen Mutes. Obwohl man letztlich genau weiß, dass der Tag der Tage kommen wird. So vergeht in der Regel wieder einige Zeit, bis es enger wird und der Tierarzt ein ernsthaftes Gespräch mit Ihnen sucht. Oder Sie sich vorher schon aus Kostengründen, für die Endlösung entschieden haben. Hoffen ist eine Sache und dazu alle Register zu ziehen, die Zweite. Beides sollte unbedingt geschehen. Denn, dass sich manches von selbst erledigt, ist eher unwahrscheinlich.

Das Endgespräch

Der Tierarzt weist Sie darauf hin, dass es keine andere Lösung gibt, es besser wäre, das Tier langsam aber sicher zu erlösen. Ihnen schnürt es den Hals zu. Jetzt wissen Sie, Ihre Befürchtungen werden zur bitteren Gewissheit. Sie möchten schreien, weinen, jedoch meistens will und kann man es in dem Moment nicht begreifen. Ist wie gelähmt, kann keinen klaren Gedanken fassen.

Sie können es nicht glauben

Vielleicht geht es Ihnen so wie mir. Ich wollte es nicht glauben und konnte es nicht verstehen. Ich wollte nur aus der Praxis mit meinem Schatz weg, denn uns drohte definitiv Gefahr. Hier sollte das Ende eingeläutet werden. Der Tierarzt hat es gesagt. Viele Fragezeichen tauchen, neben der großen Verzweiflung auf. Sie hören am Rande gerade noch die Worte „Das muss nicht heute sein, machen sie sich jedoch darauf gefasst, dass es die nächsten Tage sein sollte!" Wenn Sie Glück haben, ist dies der Wortlaut. Wenn nein, geht es nach der Überrumpelungstaktik. „Am besten wir erlösen ihr Tier gleich!" Das finde ich stets der Oberhammer. Sie in Ihrer Verzweiflung, kaum imstande einen klaren Gedanken zu fassen. Schon ist es passiert, wenn Sie nicht aufpassen. Genau darauf würde ich mich nie und nimmer einlassen.

Ihnen bleibt fast das Herz stehen

„Nein, nein, nein!" Sie möchten es laut hinausschreien, aber Ihnen schnürt es die Kehle zu. Nein, das kann und darf nicht wahr sein. Ihr Herz versteinert, die Tränentore öffnen sich. Jeder reagiert auf diese Botschaft anders, obwohl man es bereits wusste, ahnte und sicher war, souverän zu bleiben. Nun hat man dieses Desaster, die Dramatik und das Elend. Sie möchten fliehen, mit Ihrem Schatz abhauen. An der Situation ändert sich jedoch nichts. Wie ein Damoklesschwert, schwebt diese Botschaft über Ihnen. Das Finale ist da, es heißt Abschied nehmen. Die Minuten werden zu einer unendlichen Ewigkeit.

Sie treffen nach der Hiobsbotschaft die ersten Menschen
Mit Sicherheit gibt es Menschen, die davon wissen. Jetzt fängt der nächste, unnötige Stress an. Sie völlig verzweifelt, prallen auf andere Empfindungen, mit netten Aussagen wie „Oh, das tut mir aber leid! Habe ich dir doch schon längstens gesagt! Wieso quälst du das Tier? Das arme Tier! Nein, das kommt nicht infrage! Du musst jetzt tapfer sein! Wann lässt du es machen? Sei doch nicht egoistisch! Stehe endlich über den Dingen! Du bist selbst schuld! Du hättest auf mich hören sollen! Es könnte schon längstens alles vorbei sein!" Kennen Sie das? Bestimmt, davon bin ich überzeugt, aber was hilft es Ihnen in Ihrem unendlichen Schmerz?

Ich habe mir angewöhnt, weniger ist mehr. Auf dumme Sprüche kann ich gerne verzichten. Was man in solchen Momenten benötigt, ist das Verständnis und keine dummen Sprüche. Hier fehlt vielen Menschen das Taktgefühl. Es scheint den meisten abhanden gekommen zu sein. In dieser Situation ist es wichtig, dass jemand hinter einem steht, das Rückgrat stärkt und nicht noch Theater macht. Ich wünsche Ihnen von Herzen, dass Sie solch einen Menschen, in Ihrer näheren Umgebung haben.

Die Ratschläge
Ratschläge sind im wahrsten Sinne „Schläge" und tun wirklich nicht gut. In der Regel begegnet man wenigen Menschen, die Verständnis haben. Alle anderen glänzen mit irgendwelchen klugen Sprüchen, unfähig Anteilnahme zu zeigen, oder ein paar tröstende Worte zu äußern. Ziehen Sie sich mit Ihrem Engel zurück. Führen Sie Gespräche mit ihm. Auch wenn das der eine oder andere jetzt für absurd hält. Tun Sie es dennoch, es tut Ihnen und Ihrem Schatz gut. Liebkosen Sie Ihr Tier. Die gemeinsame Nähe gibt Kraft. Bitte

überprüfen Sie nochmals die Möglichkeiten, welche es gibt. Geben Sie nicht sofort auf, sonst kommt folgendes zum Tragen

„Wer aufgibt, hat verloren!"

Näheres darüber im Abschnitt, die letzte Reise mit meinem Maitali. So schlimm alles war, es hat mir zumindest das Gefühl gegeben, dass ich alles, wirklich alles versucht und getan habe. Das ist unendlich wichtig für mich gewesen.

Dem Schatz geht es zusehends schlechter

Ein Auf und Ab, vielleicht waren Sie mittlerweile nochmals beim Tierarzt, oder haben einen anderen aufgesucht. Sie haben sicherlich das Gleiche gehört, erlösen ist die Devise, dass das arme Tier nicht leiden muss. Ob man das wirklich will? Bestimmt nicht, nie und nimmer.

Wechselbad der Gefühle
Sie schauen Ihren Schatz an, streicheln ihn und schmusen mit ihm, Ihnen laufen die Tränen übers Gesicht. Vielleicht tröstet Sie sogar Ihr Freund, in dem er Ihnen die Tränen aus dem Gesicht schleckt. Sie sind verzweifelt. Wissen nicht, was Sie tun sollen. Können keinen klaren Gedanken fassen.

Wenn Sie in einer Gemeinschaft leben
Wenn Sie Glück haben und einen Partner an Ihrer Seite wähnen dürfen, der voll und ganz hinter Ihnen steht, Mitgefühl hat, ist das traumhaft und hilfreich. Wenn nein, ist der Schmerz noch viel schlimmer, denn es gibt Partner oder Eltern, die dafür absolut kein Verständnis zeigen. Denen es lästig ist und die unter Umständen das Gewimmere des Tieres nicht ertragen können, oder wollen. Ein grauenhaftes Gefühl kann ich Ihnen sagen. Nicht nur die tiefe Trauer, sondern auch noch den Druck, von dem engsten Umfeld ertragen zu müssen.

Erlösen
Sie kommen zur Entscheidung, dass es wohl das Beste ist, jetzt zur finalen Lösung zu schreiten. Sie sind vollen Mutes, schauen Ihren Schatz an, bedanken sich für alles bei ihm. Nehmen Abschied und

greifen zum Telefon, für den letzten Termin. Genau in dem Moment, wo Sie den Hörer in der Hand halten, sagen Sie „Nein!" Nein und nochmals nein, ich tue es nicht! Ich warte noch ein paar Tage. Vielleicht haben die Ärzte ja alle Unrecht. Sicherlich wird es wieder. Es ist doch schon öfters geworden. Sie sind in dem Moment erleichtert, freuen sich über einen weiteren Tag und eine Nacht mit Ihrem Engel.

Ich bin doch kein Mörder

Dieser Gedanke manifestiert sich zusehends. Ich bin kein Mörder, entscheide nicht über Leben und Tod! Was ist, wenn ich mich falsch entscheide. Ich bringe es nicht übers Herz, das Todesurteil über meinen Engel zu fällen. Vielleicht stirbt er doch noch vorher. Von diesem Gedanken beseelt, stürzen Sie sich in die neuen, kommenden Stunden. Vielleicht fangen Sie an zu beten. Was nützt es, wie und wo soll Gott in diesem Zustand helfen? Bei mir hat er nicht geholfen. Ich durfte die schwere Entscheidung fällen. Ich weiß nicht, wie das bei Ihnen war? Bitte lassen Sie es mich wissen und benutzen rege unser Forum „Einschläfern" unter www.einschläfern.de.

Nie und nimmer

Ich definitiv nicht. Ich fälle kein Urteil! Nein und nochmals nein. Sie sind der Überzeugung, dass es der richtige Weg ist. Manchmal ist es seltsam. Ihr Vierbeiner spürt das und es ist wie ein letztes Aufbäumen. Es geht ihm dann auch besser und Sie fühlen sich voll darin bestärkt, die richtige Entscheidung getroffen zu haben. Sie sind unendlich glücklich und dankbar. Es hat eine gute Wende genommen. Plötzlich zeichnet sich eine Änderung des Gesundheitszustandes ab. Sie bemerken, dass einiges anders ist wie vorher, die Symptome sich verstärkt zeigen.

Ich tue das nicht

Sie sind fest davon überzeugt, dass es richtig ist. Weichen davon nicht ab, obwohl einige Menschen in Ihrem Umfeld fragen „Wann es endlich soweit ist." Ist es Mitleid, oder pure Neugierde? Manchmal war ich mir da nicht sicher. Nun, solange es einem nicht trifft. Sie fühlen sich wie zerrissen. Es ist wie Achterbahn fahren, nur dass eine Achterbahn irgendwann anhält. In diesem Fall fährt sie „Non Stop!"

Wieso nützt alles nichts

Vielleicht haben Sie wieder angefangen zu beten, von wegen lieber Herrgott hilf mir. Die Wahrscheinlichkeit, dass er Sie erhört, ist relativ gering, denn der biologische Abbauprozess trifft uns alle. Da führt kein Weg daran vorbei. Er gehört fest zu unserem Leben dazu, ob wir das wahrhaben wollen oder nicht.

Keine Gebete

Es ist schon seltsam, dass die Menschen in der Not anfangen zu beten. Aber an ein Wunder zu glauben, führt noch tiefer in die Enttäuschung. Es gibt den sogenannten

„Point of no Return!"

Das heißt, der Punkt, wo es kein Zurück gibt. Irgendwann ist es leider soweit. Dann ist der Abbauprozess irreversibel, das heißt, nicht mehr rückgängig zu machen. Wie bei allen Lebewesen, ob in der Menschen- oder Tierwelt.

Keine Medikamente

Man probiert noch zig verschiedene Medikamente aus. Nach dem Motto „Irgendetwas muss endlich helfen!" Nur was, schon macht man sich auf die Suche, zumindest die meisten. Wie bereits erwähnt, gibt es natürlich einige, die wählen sofort die Endlösung „Einschläfern!" Alle anderen suchen und suchen.

Keine Operation

Irgendwann hilft auch keine Operation, das Leben zu verlängern. Der Körper ist alt, von Störungen, Krankheiten gezeichnet. Da geht nichts mehr. Es ist letztlich wie bei uns Menschen. Früher sind die Menschen und Tiere eines natürlichen Todes gestorben. Vor Altersschwäche eingeschlafen. Heutzutage wird eine ungeheuere Maschinerie in Bewegung gesetzt. Lebenserhaltende Maßnahmen, bis zum bitteren Ende. Um welchen Preis?

Kein Geistheiler

Einige suchen Hilfe bei Geistheilern. Aber auch diese können aus einem alten, kranken Tier kein junges und gesundes zaubern. Das funktioniert leider nicht. Die Tatsache bleibt, dass das Ende näher kommt und es Zeit wird, sich zu verabschieden. Traurig nehmen Sie dies zur Kenntnis. Es gibt Momente im Leben, wo man erkennen muss, dass es zu Ende geht. Ich finde diese Erkenntnis bitter. Das ist brutal und hart. Es ist die volle Wucht des Lebens und der Vergänglichkeit.

Nichts geht mehr

Spätestens jetzt wird es für die Menschen, mit Tiefgang brutal. Klar erkennen zu können und was noch schlimmer ist, zu müssen, dass nichts mehr geht. Alles haben Sie versucht, oder zumindest etliches und jetzt geht es Richtung Zielgerade. Kein schönes Feeling. Vielleicht denken Sie, wieso schon wieder eine Wiederholung? Weil es wichtig ist, sich mit dem Thema zu befassen. In der Wiederholung liegt die Kraft!

Kapitulieren zu müssen, ist brutal

Es ist das Schlimmste, was uns Menschen passieren kann. Wenn wir kapitulieren, ist das eine Sache. Viele Menschen haben sich daran gewöhnt, bei der erstbesten Schwierigkeit, sofort die Flinte ins Korn zu werfen, zu kapitulieren. Das geschieht auf freiwilliger Basis. Wenn es jedoch von außen aufgezwungen wird, ist das weitaus schlimmer. Das zeigt die eigene Ohnmacht klar und deutlich auf. Es geht nichts mehr, das Ende naht. Für mich eine unangenehme Erfahrung, den Löffel abgeben zu müssen. Nicht Herr über das gesamte Geschehen zu sein.

Die Hände sind gebunden

Schlimm zu erkennen, dass einem die Hände völlig gebunden sind, es nicht in unserer Macht liegt. Zu wollen und nicht zu können. Das ist brutal und gnadenlos. Ich konnte und wollte es lange nicht fassen. Dennoch wurde ich dazu gezwungen. Für mich wohl einer der bittersten Lektionen, die ich je erfahren durfte. Klar zu sehen, dass das Leben nicht unendlich ist, sondern endlich. Es einen Anfang gibt, das ist die Geburt und damit zugleich das Ende besiegelt ist. Ob wir das wahrhaben wollen oder nicht. Aus diesem Grunde habe ich das Buch „Fange endlich an zu leben!" geschrieben. Hier geht es exakt um das Thema. Weil fast alle Menschen so leben, als hätten sie ein unendliches Leben, wäre es die Generalprobe. Es ist aber die Uraufführung! Es kann nicht wiederholt werden. Jede Stunde, die vorbei ist, kommt nie wieder. Die Erkenntnis, dass man Zeit weder kaufen noch sparen kann. Sie läuft und läuft, eines Tages ist sie tatsächlich abgelaufen. Wie schön, wenn man wenigstens sagen kann „Wow, ich habe voll und ganz gelebt! Alles erreicht, was ich wollte." Das Gegenteil, wenn man im Alter sagen muss „Das soll alles gewesen sein? Ich habe mir es ein wenig anders vorgestellt!" Das ist das Bitterste, was passieren kann. Wenn noch Gebrechen hinzukommen und eventuell die Altersarmut, schließt sich der Kreis. Fazit „Passen Sie gut auf sich auf, dass Sie hier nie hineingeraten!"

Wir haben noch die eine Chance
Zu bestimmen, wann dem Leben ein Ende gesetzt wird. Das ist alles, was übrig bleibt. Ich dachte wirklich, dass ich es nicht mehr aushalte. Dies das Ende meines Traumes, das Ende für mich bedeutet. Zum guten Glück hatte ich dann einen massiven Schuss vor den Bug bekommen, damit ich wieder zur Besinnung kam. Darüber Näheres in einem späteren Kapitel. Es ist hochinteressant, wie manches von außen geregelt wird. Ich bin mir sicher, dass mir meine Seele buchstäblich ein Bein gestellt hat, damit ich endlich gegroundet werde.

Nichts, weniger als nichts geht
Ich hätte schreien können, weinen, mein Leben dafür gegeben. Alles, aber auch alles nützte nichts. Das Ende naht, ich sehe es mit weit aufgerissenen Augen. Genauso sehe ich, dass ich unfähig bin, noch irgendetwas zu tun. Ich kann nicht, fordere die Tierärzte auf, etwas zu unternehmen und sie sagen zu mir „Wir können ihrem Schatz nicht mehr helfen!" Ich verstehe es nicht, suche nach Halt, nur es gibt keinen. Niemand kann mir in diesem schweren Augenblick helfen. Ich bin alleine mit meinem Engel.

Jetzt ist es soweit

Jetzt, wo ich das schreibe, gut sechs Jahre später, läuft es mir noch eiskalt den Rücken herunter. Ich kann es immer noch nicht fassen. Es war unendlich brutal und hat mich tief geprägt. Es kommt der Moment, wo man weiß, dass es soweit ist. Jetzt heißt es, cool zu bleiben und die richtigen Entscheidungen zu treffen. Nur, in solch einem Stressmoment, ist das nicht möglich, zumindest für die Mehrzahl der Menschheit.

Die Stunde ist gekommen

Wie sich das anhört, ist schon grausam. Die letzte Stunde auf Erden, im lebenden Zustand, danach nur noch tot. Tot für alle ewigen Zeiten. Es gibt kein Zurück! Das Leben ist ausgehaucht, aus und vorbei. Das finde ich besonders schlimm und sehr grausam. Der Tod hat etwas Definitives.

Bereiten Sie sich darauf vor

Das ist meine Botschaft an Sie. Machen Sie sich bitte frühzeitig darüber Gedanken. Ich weiß, dass ich mich wiederhole. Es ist von großer Bedeutung, denn es erleichtert Ihnen ein wenig das Leben. Wie jeder Mensch ein Testament machen sollte, lehnen es die meisten ab. Aus Ignoranz und teilweise auch Angst, da der Tod etwas unangenehmes ist. Man möchte damit nichts zu tun haben. Ein Testament erinnert an die eigene Vergänglichkeit. Wenn man seinen Nachlass regelt, wird es noch schlimmer. Das ist die eine Seite der Medaille. Die andere, es ist für Sie eine Beruhigung, alles geregelt zu wissen. Ich bin oft geschockt, wie wenige das machen. Wenn man einen Vierbeiner hat, finde ich es erst recht wichtig, dass geregelt ist, was mit Ihrem Schatz passiert. Denn viele Tiere dürfen nach dem Ableben des Besitzers im Tierheim ihr Dasein fristen. Dieser Gedanke wäre für mich unerträglich gewesen. Fazit daraus „Regeln Sie es heute noch!" Lassen Sie sich unbedingt sofort einen Termin beim Notar geben. Auch wenn einige jetzt meinen „Ach Gott, was das kostet!" Klären Sie es vorher ab, es kostet weniger, als Sie denken. Das sollte es Ihnen wert sein.

Mentale Vorbereitung
Wir sind Gott sei Dank in der glücklichen Lage, uns mental darauf vorzubereiten. Können uns hinein versetzen, wie es sich anfühlt, und haben dadurch zugleich die Chance, die Dinge zu ändern. Dies können wir mental so lange machen, bis es für uns passt, das Gefühl stimmt.

Tun Sie es auf alle Fälle
Bitte niemals verdrängen, denn es wird Sie einholen, da können Sie sicher sein. Wenn es soweit ist, das kann ich Ihnen sagen, ist es kein sehr angenehmes und gutes Gefühl. Der Mensch als großer Verdrängungskünstler! In diesem Fall macht er sich keine große Freude damit.

Welch ein Blödsinn
Ich weiß, dass einige den Gedanken hegen, bei der Vorstellung „Was, ich soll mich mental auf den Tod meines Tieres einstellen?" Dazu möchte ich Ihnen folgendes sagen, Sie sind überhaupt nicht dazu verpflichtet. Wenn es mit Ihrem Gedankengut und Ihrer Lebenseinstellung keine Übereinstimmung gibt, streichen Sie es. Es gibt Tausende von Möglichkeiten, sein Leben auf Erden zu verbringen. Da muss jeder für sich Sorge tragen, dass es passt und er über die Runden kommt.

Wir sind Verdrängungskünstler

Wir haben einen tollen Mechanismus eingebaut, den sogenannten Verdrängungsmuskel. Dinge zu verdrängen, wegzuschieben, damit wir es uns vermeintlich leichter machen können. Ein gefährlicher Trugschluss, der irgendwann wie eine Bombe hochgehen wird. Dann sind wir total überrascht, dass es so weit kommen konnte.

Gehen Sie in die Wahrheit und Klarheit

Schauen Sie den gesamten Dingen klar, konkret, messbar und unmissverständlich in die Augen. Dadurch schenken Sie sich im Nachhinein manch unliebsamen und schmerzhaften Absturz, der Ihnen alles andere als gut tut.

Worst Case Plan

Gehen Sie vom Schlimmsten aus. Machen Sie einen entsprechenden Worst Case Plan, das heißt, einen Notfallplan, was Sie tun werden, wenn es tatsächlich eintreten wird. Es ist viel leichter diesen Notfallplan aus der Schublade zu ziehen und umzusetzen, als wenn Sie überhaupt nichts haben. Dann handelt man meistens im Stress und unüberlegt.

Befassen Sie sich damit

In der Freiwilligkeit sich damit zu befassen, ist leichter, als erst in dem Moment, wo es nötig ist. Dann verengt sich Ihr Fokus, das Blut wird mit Adrenalin überschüttet, unser sogenanntes Fluchthormon. Dies hat den riesengroßen Vorteil, dass es uns unendlich Power für die Flucht gibt, jedoch den Nachteil, dass wir nicht klar denken können. Eine riesen Katastrophe, in solch einem Moment der Entscheidung.

Wer, wo, wie
Wer soll meinem Tier die Todesspritze verabreichen und wo? Wie soll das Ganze ablaufen? Suchen Sie unbedingt einen Tierarzt Ihres Vertrauens. Nach Möglichkeit ein Mensch, mit viel Gefühl und dem das Tier ans Herz gewachsen ist. Jemand, der sich viel Zeit in dieser Situation lässt und nicht drängt. Auch für Sie als Mensch da ist.

Wer soll es tun

Ich finde, das ist eine wichtige Frage. Wer soll es tun? Wen haben Sie dafür? Wem vertrauen Sie? Wo haben Sie ein gutes Gefühl, können Sie Ihren Frieden erlangen? Mit wem können Sie darüber reden? Beschäftigen Sie sich intensiv damit. Das ist ganz wichtig, für den letzten Akt, den Sie noch für Ihren Engel tun können.

Welch ein Schwachsinn

Das habe ich schon ein paar Mal gehört. Dass dies ein Blödsinn ist, Todesspritze ist Todesspritze und da spielt es überhaupt keine Rolle, wer das macht und wo. Na bravo, kann ich zu solch einer Einstellung sagen, genauso zu der folgenden Aussage „Hauptsache, es wird vollzogen!" Ich bewundere die Menschen mit solch einer Einstellung. Sicherlich würde es mir damit auch wesentlich besser gehen, über den Dingen zu stehen. Da denke ich doch des Öfteren, dass ich zu empfindlich und sensibel bin.

Tierarzt des Vertrauens

Auch hier die Wiederholung, ich habe etliche Tierärzte erleben dürfen und das Fazit war, dass man sich versteht und die gleiche Wellenlänge sein eigen nennt. Für mich hatte es oberste Priorität, einen Tierarzt des Vertrauens zu haben. Der auf mich und meine Befindlichkeit eingeht und damit auch für das Tier. Mit mir gemeinsam eine gute Komponente finden kann. Denn es heißt Abschied nehmen, für alle Zeiten und da ist es für mich schon von großer Bedeutung, wie das abläuft.

Das Tier kennen

Der Tierarzt sollte meinen Schatz kennen und zu ihm eine persönliche Beziehung aufgebaut haben. Denn wenn ein Tier Angst bekommt, weil es spürt, dass das Ende eingeläutet wird, das muss wahrlich nicht sein. Es sollte in aller Ruhe und Frieden einschlafen können. Ohne noch unnötig Stress zu bekommen. Es merkt ja, dass etwas nicht stimmt. Sie traurig zu erleben, ist für Ihren Schatz kein erbauendes Gefühl.

Menschlichkeit walten lassen

Bei dem Ganzen sollte man Menschlichkeit walten lassen. Human und sozial verträglich, wie es so schön heißt. Es geht um mehr, als um den reinen Akt, es muss stimmig sein. Wer es schon erleben durfte, weiß, dass man immer wieder gedanklich zu den letzten Minuten zurückkehrt. Wie schön, wenn es trotz des sehr traurigen Anlasses, in guter Erinnerung behalten wird. Das tut einem in der großen Trauer gut.

Wer tut es

Ja, wer setzt den finalen Schuss? Bei Maitali wollte ich es tun. Ich hatte mit meinem Tierarzt damals alles besprochen. Es sollte bei mir zu Hause stattfinden. Da, wo mein Engel sich wohlfühlt, zu Hause ist und niemals in einer sterilen, kalten Praxis. Das waren für mich die Grundvoraussetzungen. Sie sollte wie immer auf ihrer Decke liegen, ich spreche mit ihr, streichle sie. Verabschiede mich. Der Tierarzt kommt, bringt Zeit mit. Setzt ihr die Kanüle, ich halte sie fest in meinen Armen, drücke sie, gebe ihr Kraft. Sie kann es vielleicht spüren, was gleich geschieht.

Ich drücke langsam ab

Nach der ersten Beruhigungsspritze setzt der Arzt die zweite. Ich drücke meinen Schatz ein letztes Mal, in ihrem Dämmerzustand und lasse langsam die Flüssigkeit in ihre Venen laufen, bis sie sanft entgleitet. Dies war mein Vorhaben, so hatte ich es geplant. Das war die Vorstellung, die es mir ein wenig leichter ums Herz machte. Getreu der Formel von Z +P + T + K! Das klare Ziel vor Augen, die Planung dazu, dann das Tun und zu guter Letzt die wichtige Kontrolle, dass alles klappt.

Der Tierarzt war einverstanden

Bis auf die Tatsache, dass er bei mir bleiben wollte und die Spritze mitnimmt. Sicherlich hat er meine Gedanken lesen können. Ich weiß es nicht genau, denn ich hatte noch einen weiteren Gedanken. Es schien mir unerträglich, meinen Engel alleine gehen zu lassen. Das kleine Mädchen von fast 85 kg auf die große Reise zu schicken. Nun denn, es kam anders als geplant.

Wie hätten Sie es gerne

Machen Sie sich Gedanken darüber. Oft höre ich, unser Tierarzt macht das nicht zu Hause, ich muss in die Praxis kommen. Nun, wenn es ihr großer Wunsch ist, das Ende zu Hause einzuleiten, sollten Sie sich jemand anderen suchen. Tun Sie es! Lassen Sie sich nicht davon beirren. Der Tierarzt kann danach gehen und Sie dürfen in aller Ruhe bei Ihrem Schatz bleiben, solange Sie das möchten. Dies ist in der Praxis leider nicht möglich. Die Sterilität einer Praxis finde ich furchtbar. Ich konnte es öfters beobachten, wie die armen Tiere zitternd im Wartezimmer gewartet haben, auf das was da kommen möge.

Stehen Sie zu sich

Das ist eine immens wichtige Botschaft an Sie. Stehen Sie zu Ihren Bedürfnissen und Vorstellungen. Vergessen Sie bitte nie, es geht um das Ende. Hier gibt es keine Generalprobe! Es sollte für Sie stimmig sein, denn dies ist eine große Hilfe in der Trauer. Lassen Sie sich von niemand, aber von gar niemanden beirren. Wenn alle um Sie herum meinen, Sie wären verrückt, seien Sie es ruhig. Denn keiner kann Ihnen nachher den Schmerz abnehmen. Es steht schon in der Bibel geschrieben „Suchet und ihr werdet finden!" Das sollten Sie zu Ihrer Lebensmaxime machen. Auch Sie werden für Ihren Schatz den Tierarzt finden.

Wo soll es stattfinden

Darüber habe ich bereits im letzten Kapitel kurz geschrieben. Machen Sie sich bitte ernsthafte Gedanken. Für viele Tiere bedeutet der Besuch des Tierarztes Stress und genau das sollte meiner Meinung nach, auf alle Fälle vermieden werden. Wenn ich solche Aussagen höre wie „Ach, das merkt doch mein Tier gar nicht!" Dann sträuben sich mir die Nackenhaare. Das finde ich fatal, solch einen Nonsens von sich zu geben.

Zu Hause

Ich möchte, dass es in den eigenen vier Wänden stattfindet. Im gewohnten Umfeld meines Tieres, ohne noch lange dislozieren zu müssen. Das finde ich unmöglich und für das Tier stressig, welches schon genug leidet und nicht zu recht kommt. Der Unterschied zwischen Mensch und Tier ist klar, der Vierbeiner kann sich nicht artikulieren, ist voll und ganz auf uns angewiesen. Denken Sie sich in Ihren Vierbeiner hinein. Spüren und fühlen Sie, wie es ihm ergehen muss. Das hilft der Spur des optimalen Weges, einiges näher zu kommen. Finden Sie den Königsweg! In erster Linie geht es doch um Ihren Schatz und dann erst um Sie.

In der Praxis

Was spricht für die Praxis? Aus meiner Sicht eine gewisse Sterilität und auf der kalten Liege liegend, die Spritze zu bekommen, finde ich nicht so witzig. Abgesehen davon kann natürlich die Todesspritze wirklich überall gesetzt werden. Wie sagte mir eine Dame „Wissen sie, mein Tier ist wenigstens nicht bei mir zu Hause gestorben, sondern in der Praxis. Also ist die Erinnerung eine andere." Auch das kann ich gelten lassen. Sie müssen für sich herausfinden, wie es optimal ist. Wie ich feststellen durfte, kommt noch hinzu, dass es in einer Praxis meistens eilt. Ich wollte viel

Zeit für meinen Engel haben, das war aber nicht möglich. Denn der Praxisbetrieb muss ja weiter laufen.

In der freien Natur

Ich kenne es von Jägern und anderen Personen, die einen Waffenschein besitzen und es gerne in der freien Natur machen. Herrchen ist mit Hund unterwegs, zückt die Waffe und erschießt ihn. Mit der Argumentation, mein Hund ist immer mit mir draußen. So hat er wenigstens nichts ahnen können. Für mich persönlich wäre das nicht die Methode. Ich würde bestimmt keinen finalen Schuss platzieren. Grausam, alleine der Gedanke daran. Es gibt jedoch manche Menschen, die das bevorzugen. Nun, für die meisten wird es nicht in Frage kommen, da die wenigsten den Waffenschein besitzen.

Im Urlaubsort

Auch diesen Weg nehmen etliche in Angriff und freuen sich über einen würdigen Abschluss. Bei mir war es letztlich auch bei einem Urlaub, in meiner geliebten Heimat St. Moritz. Nur, der Abschied war dort nicht geplant, sondern absolut unfreiwillig. Manche äußerten sich hierzu „Wissen sie, wir haben immer viel Spaß im Urlaub gehabt, dann war es für mich eine Selbstverständlichkeit, dass ich dort meinen Engel erlöse."

Wie soll es stattfinden

Darüber haben wir schon kurz gesprochen. Ich kann es Ihnen nur ans Herz legen, machen Sie sich über die letzte Stunde Gedanken. Ob Sie eine Zeremonie möchten, oder ruckzuck. Ich höre schon wieder einige Stimmen, welche kritisieren, was das für ein Blödsinn wäre. Es ist, wenn Sie so wollen, genauso ein Blödsinn, wie wenn ein Mensch stirbt. Ja, was sollen wir uns hier groß Gedanken machen. Finden Sie nicht auch? Es ist doch völlig egal, wie ein Mensch stirbt, er unter die Erde oder ins Krematorium kommt.

Sie bestimmen

Denken Sie daran, es ist Ihr Tier und Sie bestimmen, wie es sein wird und wie nicht. Was die anderen für eine Meinung dazu haben, ist wahrlich völlig uninteressant. Haben Sie die Größe und innerliche Stärke, Ihre Nummer durchzuziehen. Lassen Sie sich von niemandem beeinflussen! Derer gibt es genug, die es nicht lassen können, andere zu manipulieren. Das Schlimmste, was Ihnen in dem Fall passieren könnte ist, dass Sie sich im Nachhinein Vorwürfe machen und sagen

**„Hätte ich es nur nicht so gemacht,
ich wollte es ja anders machen!"**

Mit einer Zeremonie

Wenn Sie dies möchten, tun Sie es. Wissen Sie, es ist tausendmal besser Sie zelebrieren eine Abschiedszeremonie, als dass es Ihnen nachher das Herz bricht und Sie sich ewig Vorwürfe machen. Leider sind wir in unserer Gesellschaft diesbezüglich, teilweise sehr degeneriert. Dabei sind Zeremonien und Rituale wichtig, geben uns Halt und Festigkeit. Finden Sie es für sich heraus. Gehen Sie in Gedanken die verschiedenen Möglichkeiten durch.

Finden Sie Ihren Weg
Ein dringlicher Aspekt, dass Sie für den Abschied und das Ende, Ihren ureigenen Weg finden. Wenn Sie wollen, besprechen Sie es mit anderen Menschen. Ich bin mir aber nicht sicher, dass diese Sie verstehen können und letztlich natürlich wollen. Ich habe für meine Vorstellungen einiges an Kopfschütteln erhalten. Dies war mir völlig egal, da ich mich durchsetzen kann. Viele sind dermaßen verunsichert, fragen permanent andere. Danach sind sie noch stärker verunsichert. Dadurch ist der Gedanke entstanden, dieses Buch zu schreiben. Völlig frei und unabhängig nehmen Sie die Dinge mit, welche für Sie wichtig sind und alles andere werfen Sie über Bord. Warum sich mit solchen Sachen unnötig belasten?

Das Buch, als Ihr treuer Begleiter und Helfer
Wenn es diese Funktion erfüllt, bin ich glücklich und zufrieden, denn ich hätte mich damals gerne besser darauf vorbereitet. Der Vorteil eines Buches ist klar. Sie können es permanent nachlesen, total in die Situation eintauchen und überprüfen, wie es sich anfühlt. Können solange daran drehen, bis es für Sie endgültig passt, stimmig ist. Dies ist beim gesprochenen Wort leider nicht möglich.

Gehen Sie bis in die kleinsten Details
Das kann ich Ihnen wärmstens empfehlen. Machen Sie einen klaren Ablaufplan, bis ins kleinste Detail. Der Mensch tendiert per se dazu, alles dem Zufall zu überlassen. Das ist unklug und gibt vor allem unnötig Stress. Genau diesen sollten wir uns und unserem Schatz ersparen. Das haben wir beide nicht verdient.

„Sie sind derjenige, der das Zepter in der Hand hält!"

Ihr armes Tier muss nach Ihrer Pfeife tanzen, ist voll und ganz auf Sie angewiesen. Es hat keine andere Chance und Möglichkeit.

Mit welchen Mitteln
Mit welchen Mitteln wird vorgegangen? Es gibt die sanfte Form,

welche durchgeführt werden sollte und die Horrorvision, wo Ihr Tier in seinem Todeskampf, nochmals richtig leiden muss. Die meisten behaupten, das würde es nicht geben, doch viele Hundebesitzer sprechen eine andere Sprache. Wissen Sie, wie brutal es ist, wenn Ihr Schatz einen Todeskampf ausfechten muss, weil gespart wird? Das sollte nicht sein.

Der Tod, ein klares Tabuthema

Ich finde es erschreckend, dass das Thema Tod so tabuisiert wird. Nichts versetzt die Menschen mehr in Schrecken und Panik. Über kein anderes Thema werden so wenige Worte verloren, wie über den Tod. Das ist schade, denn manches Elend, viele Ungereimtheiten bis hin zu Streitereien, ließen sich durch frühzeitige Gespräche und den daraus resultierenden Planungen vermeiden. Letztendlich zum Wohle aller Beteiligten.

Der Tod, ein Schreckensgespenst

Das ist traurig, denn er wird uns eines Tages einholen. Wie gut oder vielleicht auch nicht, dass wir nicht wissen, wann es sein wird. Ich für meinen Teil will es lieber nicht wissen, gehe aber davon aus, dass die Zahlen, welche das Bundesstatistikamt in Wiesbaden ausgerechnet hat, auch auf mich zutreffen werden. Nach Möglichkeit, sich noch weiter nach oben belaufen.

Der Tod macht uns Angst

Dies ist eines der Hauptgründe, warum lieber nicht darüber gesprochen wird. Nur, es nützt nichts, der Tod wird uns unwiderruflich und unwiederbringlich einholen. Das ist das erschreckende am Tod. Aus und vorbei, das war es! Keiner kann ihm entfliehen, er holt uns alle ein. Es gibt keine Möglichkeit der Verlängerung, des Kaufens, noch sonst etwas. Wenn man Angst hat, gibt es nur ein probates Mittel, sich der Angst zu stellen. Das ist die einzige Chance, mit ihr umzugehen. Auch wenn sich das für den einen oder anderen komisch anhören mag. Je früher man anfängt, darauf einen Blick zu werfen, desto mehr nimmt es uns das unvermeintlich Schreckliche. Der Tod muss nicht unser Freund werden, jedoch sollten wir uns nicht vor ihm fürchten.

Wir befassen uns mit etlichen Dingen
Unglaublich, welchen Aufwand die Menschen auf sich nehmen. Sie sind in vielen Bereichen Experten, nur keine Lebensexperten, weil sich kaum darum gekümmert wird. Es ist nicht Sinn der Sache, dass wir Tag für Tag mit Todesgedanken herumlaufen. Wir sollten uns jedoch zumindest schon einmal damit befasst haben. Es muss uns geläufig sein, was sein wird, wenn der Tag naht. Denn der Tod ist gegenwärtig! Er begleitet uns stets. Unser Leben hängt buchstäblich an einem seidenen Faden. Es ist unheimlich schnell ausgehaucht und das war es dann. Aus diesem Grunde ist es schön, wenn wir eine gewisse Dankbarkeit an den Tag legen.

Es geht um uns persönlich
Wenn dies ein Buch für Vierbeiner ist, betrifft es uns auch eines Tages. Wie gut, wenn wir uns im Vorfeld bereits Gedanken machen. Nicht nach dem Prinzip „Nach mir die Sintflut!" Dies finde ich unfair den Hinterbliebenen gegenüber. So etwas tut man nicht, das ist sich klar und deutlich aus der Verantwortung stehlen. Kümmern Sie sich unbedingt um das, was sein wird, nach Ihrem Ableben. Wenn alles geregelt ist, bedeutet das eine unendliche Erleichterung für die Hinterbliebenen.

Zeit, unser wertvollstes Gut

Leider beachten das die wenigsten und leben, als hätten sie das ewige Leben gepachtet. Wachen erst ziemlich zum Schluss auf und sind völlig erschrocken, dass die Lebensuhr bald abgelaufen ist. Dann kommen solche Aussagen wie

> **„Das soll es jetzt gewesen sein?"**
>
> **„Ich habe mir alles ein wenig anders vorgestellt!"**

Ja, vorgestellt, jedoch nichts daraus gemacht. Das Schlimmste ist, wenn wir genau in diese Falle hineinlaufen. Dann noch die Vorwürfe auftauchen

> **„Hätte ich doch nur!"**

Finde ich das sehr bitter. Denn im fortgeschrittenen Alter ist es schwierig, eine große Änderung herbeizuführen. Oft kommt noch die Altersarmut dazu und manches Zipperlein. Was heißt das für Sie? Werden Sie sich klar, was Sie wirklich wollen und wo Ihr Lebensweg Sie hinführen soll. Leben Sie so, als wäre jeder Tag Ihr letzter. Auch wenn sich das für den einen oder anderen komisch anhören mag. Aber dadurch machen Sie aus Ihrem Leben eine Meisterleistung.

Das Leben ist keine Generalprobe

Es ist die Uraufführung, aber das haben viele nach wie vor nicht richtig verstanden. Eine weitere schwere Krankheit ist die Verschieberitis. Die Dinge auf später zu verschieben, nur nicht jetzt. Das ist fatal, denn eines Tages war es das, dann benötigen wir nichts mehr. Lesen Sie hierzu mein Buch „Hast du auch diese schlimme Krankheit Verschieberitis!" Jeder Tag der vorbei ist – ist vorbei und kommt nie wieder.

Keine Zeit verlieren

Das ist für mich ein brisantes Thema, keine Zeit zu verlieren. Ich weiß nicht, wie es Ihnen dabei geht. Ich habe teilweise in meinem Leben viel zu viel herumgetrödelt. Leider kann ich das nicht rückgängig machen. Es gibt auch keinen Sinn, nach dem Motto rückwärts zu schauen „Hätte ich doch nur!" Denn vorbei ist vorbei. Ich muss unendlich aufpassen, dass es mir von heute an, nicht wieder so ergeht. Wichtig ist, das große Bewusstsein zu haben, dass nichts kostbarer ist, als unsere Zeit. Es ist das Wertvollste, was wir Menschen besitzen. Zugleich auch das, was wir täglich verlieren. Jeder Tag, der vorbei ist, kommt nie wieder und wir können ihn aus unserem Leben definitiv streichen. Aus und vorbei! Zeit kann man sich Gott sei Dank nicht kaufen.

Zeit ist kostbar wie Gold

Diese Aussage finde ich wunderbar. Sie können viel mit Ihrer Zeit bewerkstelligen, oder nichts. Eine große Meisterleistung machen, oder nicht. Ihre Zeit verplempern, oder Sie geben Vollgas! Ist das nicht wunderbar? Ich finde es großartig, dass wir stets entscheiden können und dürfen, was gut ist. Wir haben jede Sekunde die volle Freiheit. Nur nutzen es die wenigsten, weil man lieber vom Schicksal spricht und dadurch sich die eigene Ohnmächtigkeit zugesteht. Dass man gerne würde, aber............!

Lesen Sie hierzu das Buch „Höre endlich auf mit deinen Opferstorys!" Darin geht es genau um solche Geschichten und um die ewigen Alibistorys. Die meistens beinhalten, dass man gerne würde und dann folgt gleich das „Ja-aber!" Nun denn, das muss jeder für sich entscheiden, ob er solche Spiele spielen mag oder nicht.

Gehen Sie geizig und sparsam mit Ihrer Zeit um

Dies ist eine wunderbare Ausgangsbasis, richtig sparsam mit seiner Zeit umzugehen. Das bedeutet öfters Mal „Nein" zu sagen. Vor allem Frauen tendieren dazu, immer „Ja" zu sagen. Ihr

Hauptwort muss klar, das „Nein" werden. Es erleichtert Ihnen das Leben und Sie erhalten dadurch viel mehr Lebensqualität und Zeit. Um die geht es, dass es Ihnen richtig gut geht, Sie sich voll im Flow bewegen. Dadurch können Sie auch eine Meisterleistung vollbringen. Es ist nicht entscheidend, was die anderen wollen und meinen, was gut für Sie ist. Die Entscheidung können Sie selbst treffen. Stehen Sie zu sich und bevor Sie in Zukunft wieder funktionieren, überprüfen Sie bitte vorher genau, ob es Sie zu Ihren Zielen führt oder von ihnen weg. Dann haben Sie daraus resultierend, eine absolut klare Entscheidung, zu der Sie stehen.

Seien Sie bitte dabei

Kommen wir zurück zu unserem Thema, „dem Ende!" Unerbittlich rückt die Stunde näher, wo das Unvermeidliche eintritt. Sie haben festgestellt, dass Ihrem Schatz wirklich nicht mehr zu helfen ist. Die Krankheit oder die Altersgebrechen so weit fortgeschritten sind, dass Ihr Schatz nur noch Schmerzen hat und unendlich leidet. Nun ist der Tag da, es schnürt Ihnen förmlich die Kehle zu. Sie wissen eines, dass Sie das aushalten müssen.

Begleiten Sie Ihren Schatz
Das ist eine Botschaft zum Wohle der Tiere. Leider habe ich häufig mitbekommen, dass die Tierbesitzer lieber feige durch Abwesenheit glänzen. Ich finde das ist kein schöner und edler Zug, dies sollte man nicht tun. Geben Sie Ihrem Schatz das Gefühl, nicht einsam zu sein, Sie in den letzten Minuten fest bei ihm sind.

Möchten Sie in Ihren letzten Minuten einsam sein
Wäre es nicht schöner, wenn Sie wenigstens Ihren liebsten und wertvollsten Menschen bei sich hätten? Bitte beantworten Sie diese Frage offen und ehrlich. Hier erwidern etliche, ich wäre lieber alleine. Nun denn warten wir einmal ab, bis es eines Tages soweit ist. Nicht einsam zu sein, ist das Wichtigste in diesem Moment, der Endgültigkeit.

Ich kann das nicht
Oh Mann, wenn ich das schon höre. Ich kann das nicht. Ich persönlich finde das unendlich feige und kann solchen Menschen nur wünschen, dass es Ihnen eines Tages nicht auch so ergehen wird. Wer nicht kann, hat mir meine Lebenserfahrung gezeigt, der wird eines Tages dahin geführt. Nur noch wesentlich unsanfter. Möchten Sie das? Ich kann nicht, nun denn, ich möchte nie und nimmer

mit diesem Gefühl leben, dass ich meinen Schatz in letzter Minute habe alleine gelassen. Im umgekehrten Fall hätte er es bestimmt nicht getan.

Es gibt Leute, die machen dies auch bei anderen Menschen

Wieso soll es nicht auch bei Tieren so sein, anstatt sich aus der Verantwortung zu ziehen. Finden Sie den für Sie idealen Weg. Denken Sie dabei in dem Moment weniger an sich, als an Ihren Schatz, der Sie jetzt wirklich braucht. Sehr sogar!!!

Ihr Schatz hat Sie ein Leben lang begleitet

Immer war er für Sie da. Er hat all Ihre Launen und sonstigen Widrigkeiten ertragen, anstandslos ohne sich zu beklagen. Auch hier sagen viele, dass dem gar nicht so war, man sich korrekt verhalten hat. Das glaube ich nicht, weil das schlicht und einfach nicht funktioniert. Es ist ein Ding der Unmöglichkeit, so durchs Leben zu gehen. Kein Mensch auf dieser Erde hat seine Stimmungen und Launen unter Kontrolle. Manchmal lässt er seine Launen auch an anderen aus.

Seien Sie kein Feigling

Bitte seien Sie kein Feigling, nie und nimmer! Wenn Sie das nicht glauben wollen, ist es auch in Ordnung. Ich habe schon oft erlebt, dass man das Tier einfach abgibt, oder sogar zum Tierarzt bringen lässt. Ich finde es abscheulich, dieses Verhalten an den Tag zu legen und denke, es ist durch nichts zu entschuldigen.

Letzte Treue und Ehre

Ich wiederhole mich noch einmal, auch wenn es Ihnen vielleicht lästig werden könnte. Ich bin davon überzeugt, dass ein Großteil der Leser das genauso sieht, wie ich. Es ist für Ihren Schatz trotz dem Ende wunderbar und er wird unendlich dankbar sein, Sie dabei haben zu dürfen.

Es ist das Mindeste, was Sie noch tun können

Trotz der Traurigkeit und dem Schmerz wird es Ihnen ein gutes Gefühl geben. Sie werden diesen letzten Augenblick nie vergessen und müssen sich keine Vorwürfe machen. Eine unendliche Dankbarkeit wird Sie nach der Trauer erfüllen, dass Sie in dieser schweren Stunde Ihren Schatz begleitet haben. Noch einmal für ihn da waren, wie er auch für Sie da gewesen ist.

Was ist das Richtige

Diese Frage wird sich natürlich stellen, und ob es darauf eine Antwort geben wird, bezweifle ich. Es gibt nie den richtigen Weg, nur Ihren eigenen. Den gilt es herauszufinden, ihn zu gehen und sich von niemandem weder beeinflussen, noch beirren zu lassen. An erster Stelle steht Ihr Tier, gefolgt von Ihnen als Frauchen oder Herrchen. Das ist das Allerwichtigste, das andere gilt es auszublenden.

Sofort Einschläfern

Da gibt es die Theoretiker, welche sagen, Erlösung ist angebracht. Das heißt, bei der ersten Schwäche, beim ersten Problem, Einschläfern. Wenn ich das damals mit meinen Tieren gemacht hätte, würden mir wertvolle und bereichernde Jahre fehlen. Für mich ist das kein gangbarer Weg. Zuerst gilt es nach Alternativen zu suchen. Wenn diese nicht greifen, kann man immer noch zur letzten Tat schreiten.

Eiskaltes Handeln

Da wird ein Hund ein wenig bissig, oder verändert sich in seinem Wesen und dann sofort einschläfern. Tiere, die einem über Jahre hinweg begleitet haben, werden lästig. Also heißt es, sie zu entsorgen, wie ein Möbelstück. Man wirft es weg! Welch seltsame und befremdende Art, mit Lebewesen umzugehen.

Warten und nochmals warten

Auch das ist eine gangbare Möglichkeit, zu warten und nochmals zu warten, wo andere schon längst sagen, dass dies Tierquälerei sei und man so etwas nicht macht. Nun denn, es geht um Sie und Ihren Schatz. Um Ihren gangbaren Weg, bei dem Sie persönlich ein gutes Gefühl haben.

Meine letzten Wege

Kurz möchte ich Ihnen über einige, meiner letzten Wege berichten. Ich durfte es mehrere Male erleben, was es bedeutet, ein Tier zu verlieren. Welch ein Schmerz, eine Ohnmacht und Hilflosigkeit. Die klugen Ratschläge und die Ignoranz, welche ich dadurch erleben durfte. Unglaublich und ich bin froh, dass ich jedes Mal meinen Weg gegangen bin. Ich würde es wieder so machen.

Mein Wellensittich
Mein erstes Tier, welches ich verloren habe. Ich habe als kleines Kind geweint, es war schlimm und dennoch ging es schnell vorbei. Kinder besitzen einen gesunden Mechanismus. Traurig, aber dennoch geht das Leben weiter. Im Erwachsenenalter verhält es sich etwas anders.

Mein Meerschweinchen
Das war bereits schlimmer, denn mit einem Meerschweinchen kann man einiges mehr anfangen, als mit einem Wellensittich. Es hat viel mehr Nähe gezeigt und war sehr verschmust. Aber auch diese Trauer verflog relativ schnell.

Meine Schäferhündin Bessica
Bei der Trennung mit meiner damaligen, französischen Freundin, nahm sie den Hund mit. Wir hatten uns darauf geeinigt. Es war für mich nicht schön, Bessica nicht mehr zu sehen. Ich wusste sie jedoch in guten Händen. Nach vielen Jahren besuchte ich sie und stellte fest, dass Bessica nicht mehr der Hund war, mit welchem ich damals wunderschöne Zeiten erleben durfte.

Mein goldiges Kätzchen Poppeli
Sie hatte leider kein langes Leben, kam als Findelkind, war eines

Tages vor dem Geschäft und wir haben sie gleich aufgenommen. Eine kleine, süße Katze. Poppeli wurde gefüttert, legte sich schlafen und wollte wieder gehen. Das ging leider nur sieben Tage lang gut. Wohin sie jeweils verschwand, war nicht herauszufinden. Eines abends kam sie nicht zur gewohnten Zeit, wie die letzten Tage und ich machte mich auf die Suche. Ich dachte, mir gefriert das Blut in den Adern, als ich den kleinen Engel am Straßenrand, mit leicht verdrehtem Kopf und weit aufgerissenen Augen liegen sah. Das kleine Poppeli wurde überfahren. Es war sehr schlimm und ich machte mir Vorwürfe, dass ich sie habe aus dem Haus gehen lassen. Das nützte alles nichts mehr, sie war leider tot. Ich baute ihr einen kleinen Sarg und begrub Poppeli bei uns im Garten.

Die Boxerhündin Pia

Meine Exfrau hatte sie mit in die Ehe gebracht. Eine goldige Boxerlady, die leider im Alter von sechs Jahren einen Tumor bekam. Was ist zu tun? Nun, da hatte ich damals nicht viel Einfluss, weil die gesamte Familie meiner Exfrau sich eingemischt hatte. Sie wurde operiert und durfte noch wunderschöne sechs Monate, mit vollem Tatendrang und Elan weiterleben. Dann wurde sie durch die Gnadenspritze erlöst. Das war für mich der erste Kontakt, mit dem selbst bestimmten Finale. Es fühlte sich grausam an.

Meine Lieblingskatze Schlamppi

Eine pechschwarze Katze, ein Gemisch aus Perser und Wildkatze. Sehr eigenwillig, launisch und doch unendlich liebevoll. Ein richtiges Vollblutsweib, das zu 100% ihre Weiblichkeit auslebte. Wunderschöne Jahre mit viel Spaß erlebten wir gemeinsam. Jedoch die Autofahrt nach St. Moritz, in meine Heimat, mochte sie überhaupt nicht. In Bad Dürkheim eingestiegen, schrie sie ohne Ende, bis wir gut acht Stunden später angekommen sind. Dann war sie wieder die liebste Katze. Unglaublich, welches Spektakel sie jedes Mal vollzog. Im Alter von zehn Jahren wurde sie immer apathischer. Es stand das Thema zur Debatte, sie einschläfern zu lassen. Das kam für mich nicht in Frage. Ich bringe doch nicht meinen Schatz um! Sie bekam Spritzen und Infusionen. Danach ging es ihr wesentlich besser. Sie lag bei mir im Büro und ich kümmerte mich rührend um sie. Abends wollte sie immer in den Kurpark.

Eines Morgens stand sie nicht wie üblich vor der Türe und hat nach mir gerufen. Ich bin sofort in den Kurpark und habe sie gesucht. Direkt an der Böschung, habe ich sie liegend gefunden. Ich dachte schon, sie wäre tot. Wieder ein Schock, ich nahm sie hoch und sie öffnete die Augen, strahlte mich an und miaute leise. Ich trug sie vorsichtig zum Eingang unseres Hauses und spürte, dass etwas nicht stimmte, setzte mich sofort auf die Treppe und drückte sie fest an mich.

Sie öffnete nochmals die Augen, gab mir ein Küsschen, drückte mich mit ihren Pfötchen und schloss für immer die Augen. Wahnsinn, was für ein Moment! Auf der einen Seite liefen mir die Tränen vor Traurigkeit über die Wangen, auf der anderen vor Rührung, dass Schlamppi noch gewartet hatte, um sich von mir zu verabschieden. Ich war froh, dass sie einschlief, einen natürlichen Tod erleben durfte.

Thömely, die männliche Katze

Lag eines Morgens tot im Keller. Es ging ihm seit Tagen nicht gut. Er ist sanft eingeschlafen. Das sind natürlich traurige und dennoch glückliche Momente, da man nicht das Todesurteil sprechen muss.

Buabeli, mein treuer Rüde

Meine Exfrau hatte ihn eines Tages als Überraschung mit nach Hause gebracht. Ein süßer Spitzbube. Er war ein Mischling und hatte Ähnlichkeit mit einem Fuchs. Viele schöne Jahre erlebten wir gemeinsam. Seit der Trennung von meiner Ehefrau habe ich ihn nicht mehr gesehen. Lange konnte ich Buabeli und unsere lustigen und weniger lustigen Episoden nicht vergessen.

Maitali, mein Schatz
Über sie muss ich nicht viel berichten. Denn Maitali ist die Hauptperson in diesem Buch.

Vielleicht finden Sie das alles ein wenig pathetisch
Nun denn, Gedanken und Empfindungen sind zum guten Glück völlig frei und bleiben es hoffentlich auch. Für mich waren es sehr ergreifende und vor allem bewegende Momente, mit viel und mal mit weniger Schmerz, je nach Bezug zum Tier.

Die letzte gemeinsame Reise

Ich dachte, es wäre schlimm, was ich erlebt habe. Es sollte jedoch noch viel schlimmer werden. Das Ganze hat mich an den Rand meiner Kapazität gebracht und mein gesamtes Leben völlig infrage gestellt. Es war ein großer, ganz großer Traum und ein Horrorende. Etwas, was ich meinem Hund ersparen wollte.

Maitali bereitete mir immer größere Sorgen
Ich hatte viel Spaß mit ihr. Sie war eine klasse Hündin, mit viel Lebensfreude und permanent um mich herum. Einige Operationen hatte sie super überlebt und war der Initiator von Doggy-Wellness. Mit keinem Tier hatte ich solch eine intensive und enge Beziehung. Sie begleitete mich überall hin. Wenn ich zum Beispiel Seminare hielt, wartete sie im Auto auf mich. Bei Teilnehmern, die öfters kamen, war sie stets zur Freude aller dabei. Wenn ich Essen ging, in Urlaub fuhr, mein Traum rund um die Uhr, in meiner Gegenwart. Wir „Zwei" gehörten zusammen.

Ihr Gang wurde beschwerlicher
Es kam das traurige Stadium, wo es ihr zusehends schlechter ging. Doggy-Wellness-Behandlungen verschafften ihr ein wenig Linderung. Spritzen, Tabletten kamen dazu und halfen leider immer weniger. Das Ende nahte und ich wünschte mir nichts sehnlichster, als dass sie einschlafen möge. Ich denke, das ist der Traum von jedem Tierbesitzer, aber nur den wenigsten wird dies zuteil. Leider scheint ein natürliches Einschlafen nicht mehr möglich.

Weihnachten nahte
Es waren noch fünf Tage bis Weihnachten. Acht Jahre lang sind wir nach St. Moritz gefahren und hatten im Schnee zusammen unendlich viel Spaß. Sie liebte es über alles, wie ein Düsenjäger mit

ihrem massigen Körper durch den Schnee zu stieben. Ein Traum, sie dabei in ihrer Lebensfreude zu sehen. Ich besprach es mit dem Tierarzt, ob ich sie nochmals mitnehmen könnte. Er meinte nett und höflich, ich sollte es probieren, ob sie das überhaupt möchte. Wenn ja wunderbar, wenn nein lassen. Das war für mich eine gute und gangbare Lösung, mit der ich leben konnte.

Maitali wollte nicht mehr laufen

Am liebsten lag sie bei mir im Büro und ging nur noch für ihr Geschäft vors Haus. Sie wollte nicht spazieren gehen, schlief meistens. Ich machte mich für die Reise fertig und sie beobachtete es aus den Augenwinkeln heraus. Als ich aufstand und sie fragte, ob sie nach St. Moritz mitkommen will, machte sie einen Sprung, wedelte wild mit dem Schwanz und freute sich so, wie schon seit Wochen nicht mehr. Ein Wunder schien sich aufzutun.

Hoffnung keimte auf

Die Hoffnung stieg, vielleicht würde ihr ja St. Moritz richtig gut tun. Ein Jungbrunnen, diese Höhenluft und die Spaziergänge. Sie lief wie damals als junger Hund, die paar Stufen aus dem Haus. Das hatte sie die letzte Zeit nicht mehr getan. Ruckzuck sprang sie ins Auto, sah unendlich glücklich aus. Das gesamte Team verabschiedete sich von ihr und freute sich darauf, dass wir gemeinsam in meiner Heimat, ein paar schöne Tage erleben dürfen. Wir wollten Mitte Januar wieder zurück sein. Ich telefonierte noch mit dem Tierarzt und teilte ihm dies voller Freude mit. Er wünschte uns alles Liebe und Gute.

Die ersten Tage in St. Moritz

Die Fahrt verlief wunderbar, sie lag still und glücklich hinten im Auto. Ich streichelte sie ab und zu, wenn es der Verkehr zuließ. Sie schleckte meine Hand, es war traumhaft. Ich war unendlich dankbar, dass sie mit mir noch einmal unterwegs war. Irgendwie ein komisches Gefühl, bei dem Wort noch „einmal!" In St. Moritz war es fast beinahe wie immer.

Sie lief weniger

Das war der einzige Unterschied zu den anderen Aufenthalten. Wir konnten keine langen Spaziergänge unternehmen. Abends wollte Maitali nicht mit ins Lokal Essen gehen. Zu Hause bleiben auch nicht. So wartete sie geduldig, wie schon oft im Auto auf mich. Es war zu schön, um wahr zu sein. Sie freute sich riesig, mich jedes Mal zu sehen. Es war ein wunderschöner Traum.

Am 23.12.2004 rutschte sie aus

Wie jeden Tag sind wir mit dem Auto zum Flugplatz gefahren. Dort hatten wir beide unseren Spaß. Sie hatte freien Auslauf, es gab kaum andere Hunde. Ich hatte meine Freude, an den landenden und startenden Privat-Jets. Ein Traum für uns. Maitali stieg aus dem Auto, rutschte aus und blieb liegen. Sie konnte nicht aufstehen. Leider war unter dem Schnee eine riesige Eisplatte, die ich selbst zu spüren bekam, als ich sie auf ihre Beine stellen wollte. So schnell konnte ich gar nicht schauen, wie ich neben ihr im Schnee lag. Maitali hatte sichtlich Spaß und schleckte mich ab. Aufstehen wollte Sie jedoch nicht. Ich sprach mit ihr, manchmal hatte sie nämlich eine Trotzphase, nur jetzt schien es ein wenig anders zu sein. Mir wurde es ganz komisch ums Herz. Sie wird sich doch nicht verletzt haben?

Ich hob sie ins Auto

Sie konnte nicht mehr stehen. Ich bin davon ausgegangen, dass sie keine Lust hatte und es mittags wieder besser wird. Ich hob sie ins Auto und fuhr nach St. Moritz, zum Café trinken. Mein Schatz blieb im Auto liegen. Als ich mittags nach Hause gefahren bin, wollte sie nicht mit in die Wohnung. Nun, das hatte sie schon öfters gemacht. Sie war ab und an stur, hatte ihren Kopf. Ich habe ihr ihren Willen gelassen. Wenn ich dann wieder zum Auto bin, stand sie je nach Lust und Laune auf und kam mit ins Haus oder sie blieb liegen und signalisierte „Komm, lass mir meine Ruhe!"

Nachmittags das gleiche Spiel

Am späten Nachmittag kam mir das Ganze doch seltsam vor. Mir schwante Schlimmes. Sie musste endlich aussteigen und ihr Geschäft machen. Ich hob sie aus dem Auto, stellte sie auf ihre Beine und sie sackte in sich zusammen. Nun war mir definitiv klar, dass sie verletzt war. Ich bekam es mit der Angst zu tun, dachte aber in dem Moment, dass sie sich nur gezerrt hat. Es ist goldig, wie wir Menschen in solchen Fällen eher zur Verniedlichung neigen. Ich denke aber, das ist ein instinktiver Schutzmechanismus.

Die Ärzte-Odyssee begann

Zu dem besonders höflichen Arzt von damals, bei dem ich wegen dem Problem mit der Gebärmutter war, wollte ich auf keinen Fall gehen. Das war keine Frage, nie mehr im Leben.

Was tun
Zum guten Glück gibt es in St. Moritz noch Alternativen. Ich bevorzugte eine Ärztin. Sie wollte mir keinen Termin geben, weil es bereits außerhalb der Praxiszeit war. Zum Glück machte sie es noch möglich. Maitali konnte nicht laufen. Mit einigen Arbeitern haben wir sie auf einer Decke, in die Praxis getragen. Sie wurde untersucht, äußerlich war nichts festzustellen. Da keimte in mir wieder Hoffnung auf.

Es wurde geröntgt
Die Aufnahmen sollten Klarheit bringen. Als die Bilder fertig waren, meinte die Tierärztin, da stimmt etwas nicht. Ein dunkler Schatten, es könnte gebrochen sein. Sie sei sich nicht ganz sicher, da das Röntgengerät nicht so klare Aufnahmen lieferte. Auf meine Frage, wie es weiter geht, meinte sie „Sie würde ihren Kollegen empfehlen." Aber auf den einen konnte ich dankbar verzichten.

Sie telefonierte mit einem anderen Kollegen
Schilderte die Problematik und er meinte, wir sollen schnell vorbeikommen. Er ist noch gut eine Stunde in der Praxis. Gerne würde er sich die Problematik anschauen. Maitali bekam noch eine Aufbauspritze. Gemeinsam trugen wir sie ins Auto und machten uns auf den Weg. Eine wunderschöne Abendstimmung, der Himmel glutrot. Ein absoluter Traum von Abend, wie im Bilderbuch. Das liebten Maitali und ich bei unseren Spaziergängen besonders.

Ich war ja so naiv

Ich dachte immer noch, dass es nicht schlimm sein kann. War voller Hoffnung. Zum guten Glück ist die Hoffnung wirklich das Letzte, was stirbt. Wir fuhren durch den dichten Abendverkehr und waren 45 Minuten später, wie geplant beim Tierarzt.

Der Arzt wartete bereits

Ich schilderte ihm die Geschichte mit Maitali und er meinte, das würde sich nicht gut anhören. Ich dachte mir noch, wie kann der nur solch einen Schwachsinn erzählen. Wo ist das Problem? Er schaute sich die Röntgenbilder an und wiederholte sein Sätzchen, dass es nicht gut aussehen würde. Er empfahl mir, zur Sicherheit nochmals zu Röntgen. Ich bin kein großer Fun vom Röntgen, aber was soll das jetzt noch? Da konnte wirklich nichts Schlimmeres mehr entstehen. Sofort wurde mein Schatz geröntgt.

Dann kam der Hammer

„Wir müssen ihren Hund einschläfern!" Spinnst du oder was, dachte ich mir, ich lasse doch meinen Engel nicht einschläfern. „Wie kommen Sie darauf?" „Weil Ihr Hund das Bein gebrochen hat und noch ein dunkler Schatten vorhanden ist. Bei dem Alter des Hundes und dem Gewicht können wir wirklich nicht mehr viel machen." „Sie sehen es als einzige Alternative, meinen Hund einzuschläfern?" „Ja, etwas anderes gibt es nicht!" Jetzt war ich fertig, wenn ich mit allem gerechnet hätte, aber damit nicht. Genau das wollte ich nie und nimmer.

Ich wollte meinen Engel doch zu Hause haben

Wenn überhaupt, aber sicher nicht in einer eiskalten Praxis mit einem Arzt, den wir beide gar nicht kannten. Ich bat ihn darum, mit meinem Tierarzt in Deutschland zu telefonieren. Er gab mir sofort das Telefon und ich schilderte ihm die Situation, bat ihn mit dem Arzt vor Ort zu reden. Diese tauschten sich fachmännisch aus und ich sprach nochmals mit meinem Arzt in Deutschland. Er meinte, da gibt es keine Hilfe und ich müsste endlich eine Entscheidung treffen. Es wäre jetzt soweit, Maitali zu erlösen und ihr Schmerzen zu ersparen.

Ich fahre mit meinen Hund zurück

Das ist eine Quälerei für das arme Tier, meinte auch mein Arzt in Bad Dürkheim. Gut und was ist, wenn ich sie einschläfern lasse? Was passiert dann mit meinem Engel? Ich kann sie mit nach Hause nehmen. Na klasse, da würden sich meine Eltern bestimmt riesig freuen, wenn ich bis Mitte Januar meinen toten Hund in der Wohnung halte. Alternativ würde Maitali eingefroren werden und ich könnte sie dann mitnehmen, oder in die Abdeckerei.

Nein, nein und nochmals nein

„Seien Sie vernünftig!" Auf diesen Spruch reagiere ich allergisch. Wer hier unvernünftig ist, das ist wohl klar. Da will dieser Typ von Arzt, meinen Hund mit einer Spritze ins Jenseits befördern. Nein, nein und nochmals nein! So schnell gebe ich nicht auf. Maitali lag auf dem Boden und schaute mich mit großen Augen an. Sie hat es gespürt, um welch schwere Entscheidung es ging.

Wo ist die nächste Tierklinik, bitte schön

Ich frage nach der nächsten Tierklinik. Er meinte in Chur, nur das würde nichts bringen. Die werden auch nichts anderes diagnostizieren. Ich telefonierte noch kurz mit Gisela Nehrbaß in Bad Dürkheim. Sie ist die beste Begleiterin und meinte, hören sie auf ihr Gefühl. Sie werden schon die richtige Entscheidung treffen. Danke Gisela, genau das war es. Maitali stirbt bestimmt nicht heute Abend und schon gar nicht einen Tag vor Heiligabend. Es ist traumhaft, wenn man so einen großartigen Menschen an seiner Seite haben darf.

Die Jagd nach einer Tierklinik

Für mich stand es definitiv fest, ich gehe mit meinen Engel in eine Tierklinik. So schnell lassen wir uns nicht das Leben aushauchen. Nie und nimmer! Wir werden kämpfen, kämpfen bis zum Schluss. Denn wenn die Spritze erst einmal injiziert ist, gibt es kein zurück. Das war mir bewusst.

Ich wundere mich über die schnellen Ärzte

Es hat mich aus meiner Sicht sehr in Erstaunen versetzt, wie man so leicht mit der Todesdiagnose umgeht. Das war und ist für mich nicht zu fassen. Bei uns Menschen wird ein riesiges Brimbamborium gemacht und bei Tieren heißt es sofort „Adios!" Das kann ich nicht nachvollziehen. Für mich geht es in erster Linie um ein Lebewesen, egal welcher Art.

Einige finden das überhaupt nicht witzig

Das weiß ich zur Genüge, dass viele es nicht mögen, wenn man den Menschen auf die Stufe des Tieres stellt. Erstens tue ich das nicht, denn für mich geht es um ein Lebewesen. Mit Gefühlen, Ängsten, Sehnsüchten und letztlich doch um die Angst vor dem Tod. Wer schon einmal die schreienden Tiere vor dem Schlachthof gehört hat, wird nicht behaupten können, dass diese nicht ahnen, was auf sie zukommt.

Wir führen jedoch keine Grundsatzdiskussionen

Nie und nimmer, lesen Sie Näheres dazu im letzten Kapitel. Jeder darf und kann seine Meinung vertreten. Deswegen muss man noch lange nicht versuchen, dem anderen die eigene Meinung aufzudrängen. Genauso ist es auch hier. Was ich in diesem Buch schreibe, ist ausschließlich meine Sicht der Dinge. Wenn Sie einverstanden sind wunderbar, wenn nicht, ist dies auch in Ordnung.

Ziehen Sie sich die Dinge heraus, die für Sie wichtig sind, alles andere werfen Sie in den nächsten Mülleimer. Es soll Sie weder belasten noch echauffieren. Dazu ist das Leben zu wertvoll und kostbar. Die Dinge, die für Sie gut sind, werden umgesetzt und alles andere lässt man da, wo es hingehört. Dadurch hat man keinen Stress.

Der Arzt hat es eingesehen

Er startete erneut einen Versuch, dass der Kollege in Deutschland auch der gleichen Meinung ist. Das sind Momente in meinem Leben, wo ich richtig stur werde. Wozu habe ich einen eigenen Willen erhalten? Schließlich geht es um mein Tier und letztlich um meinen Seelenfrieden. Als er spürte, dass ich genau weiß, was ich will und Maitali keine Todesspritze bekommt, zeigte er sich plötzlich sehr kooperativ. Als erstes bekam Maitali eine Spritze zur Schmerzlinderung. Das war für mich völlig in Ordnung.

Der Arzt hat einen Freund mit Tierklinik

Er teilte mir noch beiläufig mit, dass er einen Freund hat, der eine Tierklinik in Chur besitzt. Gut zwei Autostunden im Winter von St. Moritz entfernt. Er telefonierte sofort mit Chur, schilderte die Situation. Der Arzt in Chur wollte, dass wir ihm das Röntgenbild kurz mailen. Da könnte er sich schnell ein Bild machen, bevor ich mich mit dem armen, kranken Tier auf die Reise mache.

Kurze Zeit später wussten wir Bescheid

Es sei eine Form von Knochenfraß, wo sich die dunkle Stelle befindet und jetzt noch der Bruch, da fehlt Knochen. Es deutet alles auf Knochenkrebs hin. „Um Himmels willen, mein Hund hat Krebs!" Das darf nicht wahr sein. Er meinte, dass Beste wäre, das Tier zu erlösen. „Scheiße!" Bitte entschuldigen Sie den Ausdruck. Es geht schon wieder los. Wie oft muss ich die Herrschaften noch davon überzeugen, dass dies für mich nicht die Lösung ist. „Gibt es keine andere Chance?" „Ganz genau kann ich es ihnen nicht sagen, da müsste ich das Tier vor Ort sehen. Hier in der Klinik haben wir mehrere Möglichkeiten." „Alles klar, wann kann ich kommen?" „Heute Abend ist es zu spät, am besten morgen gegen 9.00 Uhr, denn um elf Uhr schließen wir die Praxis, wegen Heiligabend." „Alles klar, ich bin morgen früh bei ihnen!" Da schaute mich der Tierarzt vor Ort konsterniert an. So etwas hat er anscheinend noch nie erlebt. Das war ihm völlig neu, dass jemand alle Register für seinen Schatz zieht. Für mich jedoch eine absolute Selbstverständlichkeit, bei einem Menschen setzt man ja auch alles in Bewegung.

Endlich wieder ein Hoffnungsschimmer

Ich bedankte mich beim Arzt und wir trugen Maitali ins Auto. Dank der Spritze war sie ruhig und friedlich. Wenn ich sie anschaute, konnte ich mir wirklich nicht vorstellen, dass sie Krebs hatte und eingeschläfert werden sollte. Ich fuhr sofort nach Hause. Unvorstellbar der Gedanke, dass sie bereits schon tot sein könnte, wenn ich es zugelassen hätte. Zum Glück lebte sie noch. Ich war unendlich dankbar und zufrieden. Das hatte ich richtig gut gemacht. So schnell lassen wir uns nicht unterkriegen.

Bei meinen Eltern

Diese waren natürlich sehr neugierig, was denn los ist. Vor allem meine Mutter war in Sorge, um Maitali. Als ich es ihnen schilderte, kam von meinem Herrn Vater nur Kopfschütteln. Er konnte es nicht verstehen, dass man dem Tier nicht endlich eine Spritze gibt, es erlöst. Das war für ihn nicht greifbar. Die Mutter hielt sich da heraus und wollte nur hundertmal wissen, wie es nun weitergeht.

Jetzt seid endlich einmal ruhig
In solchen Momenten benötigt man keine klugen Ratschläge. Ich erinnere mich noch an das Theater, als die Katze meiner Eltern damals eingeschläfert wurde. Ja, wo war denn da der große und starke Vater? Einmal dürfen Sie raten. Ich denke Sie wissen es, der gute Mann war zu Hause und hat seinen Kummer ersoffen. Na bravo, jetzt eine große Klappe, und wenn es darauf ankommt, ist er nicht da. Da durfte meine Mutter alleine hingehen.

Ich denke, Sie kennen bestimmt auch solche Pappenheimer
Wenn diese Leute wenigstens ihre Klappe halten würden, das wäre ein großer Segen. Nur, die wissen immer alles besser und das Ganze wird mit großer Vehemenz verkörpert. Solche Leute, entschuldigen Sie bitte, kann ich nicht für voll nehmen. Viel Wind um nichts! Verbieten Sie sich in solchen Momenten, jegliche Form der Einmischung. Auf diese Ratschläge können Sie verzichten.

Mutter nervt mit ihrer ewigen Fragerei
„Wie geht es weiter? Was wirst du tun?" „Mutter sei endlich einmal ruhig, ich muss nachdenken!" Vater hatte sich mittlerweile in sein Fernsehzimmer verzogen und Mutter in die Küche. Jetzt war ich gefragt, mit einem Masterplan. Schlussendlich ist es auch meine Aufgabe, in meinem Beruf, die Menschen zu coachen, zu be-

raten, sie schnell und sicher zu ihren Zielen zu führen. Ohne großes „Wenn" und „Aber!" Was war das Ziel? Mit Maitali so schnell wie möglich in die Klinik zu gelangen.

Bei anderen ist es einfacher

Das ist wie im richtigen Leben, bei anderen Menschen ist es immer viel einfacher, wie bei einem selbst. Nur, was nützt das, ich musste eine klare und deutliche Strategie fahren, getreu der Erfolgsformel von Z + P + T + K! Ich hatte keine Zeit zu verlieren, denn morgen früh musste ich in Chur sein.

Was war das ZIEL

Das Ziel war, eine optimale Lösung für meinen Hund zu finden. Klar, konkret, messbar und unmissverständlich! Das war die Ausgangsbasis. Mir war eines klar, dass ich aus einem neunjährigen Mastino kein junges Hündchen machen kann. Jedoch zumindest so, dass es noch einige Zeit geht. Das Ziel war am nächsten Morgen, um 9.00 Uhr in der Tierklinik zu sein. Weitere Parameter gab es in diesem Falle nicht zu berücksichtigen.

Dann folgt P für die PLANUNG

Wie regle ich das? Für heute hatte ich es richtig gemacht. Das Finale wurde noch nicht eingeläutet. Die Planung, wie komme ich am schnellsten nach Chur? Mit dem Auto stand fest, ein Ding der Unmöglichkeit. Da gab es noch den Zug. Aber das ging nicht, denn die Rhätische Bahn ist eine wunderbare Bahn, auf einer teilweise sehr nostalgischen Strecke, aber mit einem Gerüttel und Geholpere. Das würde mein armer Hund nicht überleben. Was gab es noch für Möglichkeiten? Na klar, wer suchet der findet, dies steht bereits in der Bibel. Ich war froh, dass mir dieser Geistesblitz kam. Was geschieht mit Menschen, die verunglückt sind? Entweder kommen sie ins Krankenhaus nach Samedan oder sie werden nach Chur geflogen. Schlimmstenfalls sogar nach Zürich, in die UNI-Klinik. Genau, endlich hatte ich die Lösung. Gott sei Dank!

T steht für TUN

Machen tun, machen tun, genau das ist das Thema. Nicht lange herum trödeln. 12 Stunden blieben mir noch, um es zu managen. „Tun" ist genau das, was die meisten Menschen total vernachlässigen. Man hat ein Ziel, es wird geplant, nur in der Umsetzung wird ohne Ende geschwächelt. Das führt natürlich nie zu Ergebnissen. Wichtig ist in diesem Fall, dass man innerhalb von 48 Stunden ins Handeln kommt.

K steht für KONTROLLE

Kontrolle ist der Punkt, den fast alle vergessen. Das Problem dabei ist, wer nicht kontrolliert, weiß auch nicht, ob er sich auf dem richtigen Weg befindet. Es ist wie über den großen Teich nach Amerika zu fliegen und keinen Navigator dabei zu haben. Dies würde bedeuten, nicht zu wissen, wo man sich gerade befindet.

Mit dem Hubschrauber nach Chur

Das war die vernünftigste und schnellste Möglichkeit. Logisch, das war die Lösung. Wenn Menschen in die Klinik nach Chur geflogen werden, wieso nicht auch Hunde? Ich war erleichtert, für uns diese Lösung gefunden zu haben. Das war wirklich die Schnellste und bedeutete keinen Stress bei dem Weihnachtsverkehr.

Ich telefonierte mit dem ersten Hubschrauber-Unternehmen
Per se ist es möglich, aber nicht einfach. Was für ein Blablablabla. Was ist nicht einfach? Wieder jemand, der sich mir in den Weg stellen wollte. So ist das menschliche Leben. Es gibt permanent Störungen und Hindernisse, die es zu überwinden gilt. Bei einem „Nein" erst recht!

Wo fängt der Erfolgreiche an
Natürlich da, wo der Erfolglose aufhört. Das ist seit langem meine Devise. „Gibt es nicht - gibt es für mich nicht!" In jedem Problem steckt die Lösung und die gilt es herauszufinden. Spannend wird es, wenn man das Unmögliche möglich macht. Erfahren Sie im zweitletzten Kapitel des Buches mehr darüber.

Der Helikopterbetrieb meinte, es wäre kompliziert
„Was ist kompliziert, ihr fliegt doch regelmäßig nach Chur?" „Ja, aber noch nie mit einem Hund und wir können nicht direkt am Krankenhaus landen." „Sicherlich doch aber in der Nähe der Tierklinik!" „Da gibt es keinen Landeplatz." „Es muss doch eine Lösung geben." „Ja, wir können höchstens außerhalb der Stadt landen, dafür benötigen wir eine Sondergenehmigung. Wenn wir diese nicht erhalten, müssen wir einige Orte weiter entfernt landen."

Das kommt für mich nicht in Frage

Was soll denn das? Jetzt nehme ich einen Hubschrauber und dann landen wir irgendwo. Das kann nicht wahr sein. Ich hatte doch schon ein großes Problem und arbeitete gerade an der Lösung. Jetzt erzählte mir der Typ, solche Geschichten. Er wollte wissen, wie lange das Ganze dauert. Das weiß ich doch nicht. Er hätte noch ein weiteres Problem, seine Hubschrauber müssten morgen Skiflüge machen. Der eine würde gleich in der Früh mit Gästen nach Samnaun fliegen und den anderen bräuchte er in St. Moritz. Hinfliegen könnte gehen, aber nicht zurück. Alles klar, ich wollte es mir überlegen. „Aber bitte nicht so lange, es wäre schon spät und er müsste in der nächsten halben Stunde Bescheid wissen."

Dann kam mir erneut meine Mutter in die Quere

„Was, du willst wirklich mit dem Helikopter nach Chur fliegen? Das kannst du doch nicht machen! Ach Gott, was das kostet. Was denken die Leute? Oh je, wenn das der Vater erfährt!" Ich bin mir sicher, dass auch Sie solche dummen Sprüche kennen. „Das tut man nicht! Das macht man nicht!" und weitere. Ich bat meine Mutter, sie soll mich endlich in Ruhe lassen. Da meinte sie „Du kannst so spät niemanden anrufen, das tut man nicht. Ich soll es halt, wenn ich es unbedingt möchte, morgen früh machen!"

Ich hasse es, ich hasse Problemhaufen

Auf die Gefahr hin, dass meine Mutter diese Passage liest, oder andere sich darüber mokieren, weil sie auch zu diesem Typus Mensch gehören. Es gibt für mich in der Tat nichts Schlimmeres, als Personen, die nur Probleme im Kopf haben. Dabei immer denken, was die anderen sagen könnten. Gedanken sind frei und werden frei bleiben. Das ist der große Vorteil von uns Menschen und keiner kann uns jemals daran hindern.

Ich rief die nächste Firma an

Mittlerweile ging es auf 22.00 Uhr zu. Sehr höflich und freundlich, die Stimme am Telefon. Als ich meinen Wunsch äußerte, kam zuerst einmal „Das tut mir aber leid, da müssen wir ihrem Schatz helfen!" Es war wie Tag und Nacht, einfach super. Wir sind die Koordinate durchgegangen. Morgen früh um 9.00 Uhr in Chur, das heißt um 8.00 Uhr am Flugplatz zu sein. Sie bauen morgen sofort die hintere Rücksitzbank aus, dass der Hund genug Platz hat und organisieren noch einen Flughelfer. Solche Menschen gibt es auch, die ohne „Wenn und Aber" handeln.

Welcher Landeplatz

Das war der Knackpunkt, aber um dies wollte sich die Firma sofort morgen früh kümmern. Er hatte mittlerweile ausfindig gemacht, dass es in der Nähe der Tierklinik einen Sportplatz gibt. Er wollte eine Sondergenehmigung von der Stadt erwirken, dass wir in der Nähe landen können. Dann wäre es für den armen Hund nicht so eine große Strapaze.

Wie lange ich den Hubschrauber benötige

„Das kann ich ihnen noch nicht sagen. Wenn die Tierklinik nicht weiter helfen kann, fliegen wir anschließend in die Uni-Tierklinik nach Zürich. Wenn die nicht weiter wissen, schauen wir, wo wir noch hinfliegen müssen." Das war meine Planung, mein festes Vorhaben. „Kein Problem Herr Crameri, der Hubschrauber steht ihnen mit der Mannschaft den ganzen Tag zur Verfügung. Bezahlen müssen sie nur die reine Flugzeit." Na bravo, wusste ich es doch. Es geht, ja es geht, wenn man will und dran bleibt.

Der erste Hubschrauberflug für meinen Schatz

Die Nacht war nicht besonders lustig. Mein Schatz muss gespürt haben, worum es sich hier drehen wird. Sie war sehr unruhig. Ich hatte ihr zum guten Glück noch ihr Lieblingsessen gekauft. Rinderhackfleisch, das liebte sie über alles. Normalerweise gemischt mit Flocken, Reis, Nudeln oder Sonstigem, nur heute bekam sie es pur, was sie sichtlich erfreute.

Es war eine lange Nacht
Ich tat kein Auge zu, es war komisch. Die Hoffnung, dass alles gut wird und dennoch irgendwo die beklemmende Angst, dass es vielleicht die letzte Nacht im Leben meines Hundes sein könnte. Die meiste Zeit lag ich neben ihr, hielt sie ganz fest im Arm. Es war, wie wenn wir uns gegenseitig Halt geben würden.

Gehe ins Bett
Dies war die Botschaft meiner Frau Mama. Der Herr Vater hatte sich gleich verzogen und ließ sich an dem Abend nicht blicken. Na bravo, eine große Klappe und sich dann nicht mehr zeigen. Was ich in dem Moment gebraucht hätte, wären ein paar tröstende, aufbauende Worte gewesen und bestimmt nicht Theater. Ebenso ein füreinander Dasein und sich abwechseln, bei der intensiven Betreuung. Nun denn, ich bin mir sicher, dass Sie solche Momente in Ihrem Leben kennen. Manche Menschen sind einfach furchtbar. Wenn es unangenehm wird, sind sie spurlos verschwunden.

Endlich wurde es hell
Die Nacht war eine Qual für Maitali und mich. Sie hatte viel Wasser getrunken und einige Kilo Hackfleisch gegessen. Meine

Mutter half mir kurz vor acht Uhr, den Hund ins Auto zu tragen. Mein Vater war nicht zu sehen, obwohl er sonst um die Zeit, schon längst auf den Beinen war. Auf meine Frage, was mit ihm los ist, kam die Antwort „Er kann sich das Elend nicht weiter ansehen!" Na bravo, lieber Herr Vater, wie schon oft, herzlichen Dank dafür. Das nennt man Zusammenhalt einer Familie, ist aber oft eine billige Floskel.

Wir fuhren zum Flugplatz
Ein traumhafter Morgen erwachte, eiskalt mit Minus 28 Grad. Am Airport stand bereits der Hubschrauber. Ich fuhr bis an die Maschine und gemeinsam hoben wir Maitali ins Flugzeug. Wie immer, nahm sie alles total cool, blickte neugierig um sich. Mein Engel, ich war unendlich stolz auf dich. Sie machte souverän mit, als wäre alles für sie selbstverständlich. Der Pilot und der Flughelfer waren erstaunt, wie lieb und umgänglich Maitali war.

Ich telefonierte noch kurz mit der Tierklinik
„Kein Problem, wir stehen bereit und werden sie abholen. Teilen sie uns mit, wann sie definitiv losfliegen." Na super, das war ein exzellenter Service, ohne irgendeinen Anflug von Stress oder Problemen. Kurz und bündig, einfach nur klasse! So wie man es sich wünschen kann.

Wir flogen los
Nachdem ich mein Auto geparkt hatte, sind wir sofort gestartet. Ein wunderschöner Tag, mit der hereinbrechenden Sonne über mehrere Bergkämme. Kurze Zeit später war bereits Chur unter uns in Sicht. Souverän meisterte der Pilot, Peter Müller die Aufgabe und landete mitten in der Stadt auf dem Sportplatz. Hier standen bereits zwei Autos, eines mit dem Tierarzt und das andere mit den Helferinnen.

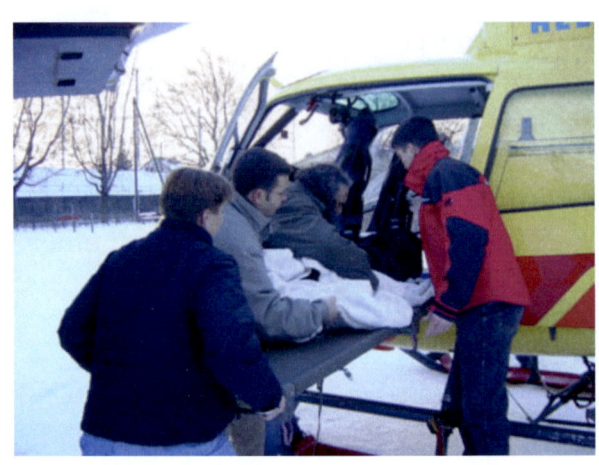

Maitali kam auf eine Trage

Wir hoben die recht schwere Maitali auf die Trage und dann ins Auto. Zwei Minuten später waren wir in der Tierklinik. Dort warteten zwei weitere Ärzte und man bat mich um ein wenig Geduld. Ich schaute mich im Wartezimmer um. Da hingen an der Wand Berichte, vom Ende eines Hundelebens. Nun, das war ja Gott sei Dank nicht unser Thema. Davon war ich in diesem Moment noch felsenfest überzeugt.

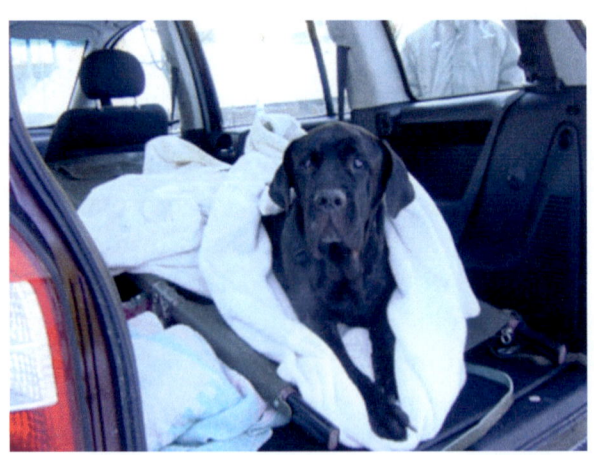

Die Untersuchung in der Tierklinik

Ich war während des Wartens frohen Mutes, dass es eine Lösung geben würde und wenn nicht, würden wir sofort weiterfliegen. Ich hatte für alle Fälle die Handynummer des Piloten und konnte ihm jederzeit Bescheid geben. Ich freute mich riesig, heute Abend mit meinem Engel vor dem Weihnachtsbaum zu sitzen. Nicht wie die anderen Tierärzte es gestern wollten, sie einzuschläfern.

Da ging die Tür auf
Ich möge bitte eintreten. Auf der Liege Maitali, völlig erschöpft und ängstlich. Ich ärgerte mich, dass ich nicht zur Untersuchung mit ins Zimmer bin. Sie hat bestimmt Angst gehabt, in der fremden Umgebung, mit den wildfremden Menschen. Ich war wütend auf mich, dass ich mich habe abspeisen lassen. Das passiert mir nicht noch einmal! Was soll das blöde Theater, dass man draußen bleiben muss. Da haben wir es einmal mehr, der unmündige Bürger. Schließlich wollen die ja auch Geld von mir und das nicht zu knapp. Darum sage klar, konkret, messbar und unmissverständlich, was du willst, damit du es erhältst.

Ihr Hund ist total verkrebst
„Was, wie bitte?" Mein Maitali soll Krebs haben. „Nie und nimmer, das glaube ich nicht!" „Doch leider, ich sagte ihnen gestern bereits am Telefon, dass der dunkle Schatten hundertprozentig darauf hindeutet. Jetzt haben wir die Gewissheit. Es kommt aber noch viel schlimmer, sie hat nicht nur Knochenkrebs, die gesamte Lunge ist voller Metastasen. Das ist leider die Ausgangsbasis.

Ich war platt

Das kann nicht sein, bitte nein. Nicht nur Knochenkrebs, sondern der ganze Körper befallen. Wieso und warum gerade mein Engel? Was hat sie denn getan? Fragen voller Verzweiflung, auf die es keine Antwort gab. Alle drei Ärzte schauten mich betreten an. Die Helferin streichelte Maitali. Oh Mann, jetzt stand ich großer Kerl da, wie ein kleiner Bub. „Das stimmt doch nicht?" „Doch leider!" „Was machen wir jetzt, was schlagen sie vor?" wollte ich wissen.

Der Vorschlag einschläfern

„Nein, kommt nicht in Frage!" Ich fälle kein Todesurteil über meinen Hund. Sie ist mir heute Morgen ergeben gefolgt, ohne zu ahnen, was geschieht. Jetzt soll ich sie verraten und einschläfern lassen? Nein, nie und nimmer! Was gibt es noch für Lösungen? Sie sind die Spezialisten, müssen wissen, was man noch tun kann. Ich war sehr wütend und verzweifelt zugleich. Sollte das Ganze jetzt doch noch so enden? Maitali schaute mich mit großen Augen an. Sie spürte, dass es um sie ging.

Beinamputation und Chemotherapie

Meinem Schatz das Bein amputieren und danach Chemotherapie, das war nicht die Lösung. Was sind dies nur für Menschen? Die sind ja noch schlimmer, als in St. Moritz. Ich konnte es nicht fassen, war traurig und perplex.

Bitte eine andere Lösung
„Es gibt keine andere, wobei die Amputation bei einem solch schweren und alten Hund nicht gerade optimal ist. Ein kleiner und junger Hund kann sich auf drei Beinen bewegen, das ist kein Problem, aber bei Maitali sehe ich immense Schwierigkeiten. Nun denn, sie müssen sich entscheiden. Ich plädiere fürs Einschläfern!" Das war die unmissverständliche Antwort, des Klinikbesitzers.

Nein, es wird nicht eingeschläfert
„Wie sieht es mit Chemotherapie aus, reicht die nicht?" „Nein, das geht leider nicht mehr. Das ganze Bein ist vom Knochenkrebs zerfressen, muss amputiert werden." „Gut, dann packen wir ein und ich fliege mit ihr in die Uniklinik nach Zürich!" „Die werden ihnen nichts anderes sagen und anbieten können. Ich war in Zürich jahrelang als Oberarzt tätig." Meine zweitletzte Hoffnung wurde mir genommen. Dabei hatte ich es so geplant, wenn die in Chur nicht weiter wissen, sofort nach Zürich zu fliegen. „Schauen sie, die Tatsache liegt doch auf der Hand. Ihr Hund hat leider Krebs und in dem Alter, gibt es keinen Sinn mehr." „Ich möchte bitte nochmals telefonieren!" „Kein Problem, können sie gerne."

Ich muss telefonieren
Ich rief sofort meinen Tierarzt in Bad Dürkheim an und schilderte

ihm die Situation. Er meinte, das sieht aber nicht gut aus. Ich bat ihn, sich kurz mit dem Chef der Tierklinik zu unterhalten, danach bekam ich wieder den Hörer in die Hand. „Herr Crameri, es ist so weit, es geht wirklich nichts mehr. Es tut mir unsagbar leid für sie und ihr über alles geliebtes Maitali." „Sie haben mir doch damals gesagt, es gäbe in Freiburg einen großartigen Knochenspezialisten. Da werden wir sofort hinfliegen, oder sollen wir lieber gleich zu ihnen nach Bad Dürkheim kommen?" „Den gibt es, nur wenn der Knochen vom Krebs total zerfressen ist, kann auch er nicht helfen. Es tut mir sehr leid, ich kann ihnen nichts anderes sagen." „Sie meinen, ich soll sie jetzt einschläfern lassen?" „Ja, so schwer es ihnen fällt, es ist die beste Lösung. Erlösen sie ihren Schatz!"

Ich wollte es doch bei mir zu Hause tun

Nein, nein, nein, mir liefen die Tränen und wie. „Herr Crameri, machen sie es. Tun sie es, erlösen sie ihren Schatz, bitte!" „Ja," dann legte ich auf. „Was ist, was sollen wir tun?" „Moment, ich möchte nochmals telefonieren." Die Ärzte wurden langsam ungeduldig, das interessierte mich aber nicht. Denn es ging hier um Leben und Tod. Ich rief Gisela an, sie sprach mir Mut zu, dass ich die richtige Entscheidung treffen würde und sie fest bei mir und Maitali ist.

Die letzten Minuten

Keiner kann helfen! Wieso hat gerade mein Hund diese schwere Krankheit, wieso und es gibt darauf keine Antwort? Jetzt musste ich mich langsam, aber sicher entscheiden, denn es war schon nach elf Uhr und die Leute wollten bestimmt noch ihre Einkäufe für Heiligabend tätigen.

Ich mache es nächste Woche
„Wie sie möchten Herr Crameri, es ist jedoch nur qualvoll für ihren Hund. Ich gebe ihr eine Morphiumspritze, das nimmt ihr ein wenig die Schmerzen." Morphium für meinen Hund, dann muss es schlimm sein. Wie tapfer sie die Tage gewesen sein muss. Das hat mich total geschockt. Denn ich wusste aus der Humanmedizin, dass Morphium verabreicht wird, wenn die Schmerzen unerträglich sind.

In meinem Kopf drehte sich ein Karussell
Jetzt muss ich die Entscheidung treffen. Es gab und gibt keine Lösung mehr. Dass sie auf drei Beinen herumhumpelt und die Nebenwirkungen der Chemotherapie, um sie vielleicht einige Monate länger zu haben, nein, das wollte ich nicht. Das hatte sie nicht verdient. Meinen Traum, dass sie sanft einschläft, konnte sie mir leider nicht erfüllen, dazu war Maitalis Herz laut Untersuchung, viel zu stark.

Wie läuft es ab
„Sie erhält vorab eine Beruhigungsspritze." „Wird sie Schmerzen haben?" „Nein keine, ich lasse sie jetzt ein paar Minuten alleine mit ihr. Sie können sich in Ruhe von ihr verabschieden. Dann komme ich und wir erlösen ihren Engel ganz sanft."

Ich wollte nur noch sterben
Maitali in meinem Arm, tränenüberströmt, ich wusste gar nicht, dass ich so weinen kann. Sie schleckte mich ab, wir hielten uns gegenseitig. Da ging die Türe auf. „Sind sie so weit?" „Ja, Herr Doktor." „Sie dürfen ihr Tier halten." Dann setzte er eine Kanüle und die Beruhigungsspritze langsam an. Er ließ sich sehr viel Zeit. Maitali begann sich total zu entspannen. Sie schaute mich mit ihren großen Augen an. Das werde ich niemals vergessen. Sie schaute mich an, als wäre sie glücklich und zufrieden. Sie war unendlich stark und ich dagegen schwach.

Maitali, Maitali, Maitali
Die Helferin legte liebevoll eine Hand auf meine Schultern und meinte mir ins Ohr flüsternd „Weinen sie ruhig, das tut gut!" Nach einigen Minuten kam die Todesspritze. Diese wurde auch langsam injiziert. Maitali atmete noch einmal aus. Jetzt hatte sie es endgültig gepackt. Einen kurzen Augenblick wollte ich ihr folgen. Ich konnte sie doch nicht alleine lassen. Nie und nimmer, im Moment war ich aber zu erschlagen. Der Arzt nahm das Stethoskop hörte sie nochmals ab und sagte „Sie ist erlöst! Ich lass sie jetzt einige Minuten alleine."

Das Leben mit meinem Engel im Schnelldurchgang
Ein großer Kerl von Mann, im Arm seinen Schatz haltend und am Ende. Ich konnte es nicht fassen, mein Maitali ist für immer tot. Ich habe ihr Todesurteil gesprochen, zugelassen, dass man sie umbringt. Ich bin mir hundertprozentig sicher, dass einige von Ihnen solche Gedanken zur Genüge kennen, wissen wie furchtbar und schrecklich das ist.

Was tun mit dem Kadaver

Wie sich das anhört. Unglaublich, hier liegt mein Engel tot und jetzt geht es um ihren Kadaver. Na super, am besten ich nehme den Kadaver mit, oder was? Gleich wurde mir die nächste Entscheidung abgerungen. Im unendlichen Schmerz musste ich mich entscheiden, wie es weiter geht.

In die Abdeckerei
Wer macht denn das? Anscheinend viele habe ich mich belehren lassen. Tot und ab zu anderen Kadavern. Nach Möglichkeit zu Tierfutter verarbeitet. Das hört sich gut an, oder? Aber nicht für meinen Hund. Das hat er nicht verdient.

Mitnehmen
Na bravo, sehr gut. Ich nehme den Kadaver mit zu meinen Eltern, die würden mich für verrückt erklären. Oder ich packe sie in mein Auto und wir fahren heute nach Deutschland zurück. Ich werde sie im Garten begraben. Irgendwie fühlte ich mich aber außerstande, nach dem Drama, diese weite Strecke mit meinem toten Hund zu fahren. Mit Sicherheit würden mich noch die Zöllner kontrollieren und schon hätte ich das nächste Problem.

Eingefrieren
Das war der Vorschlag des Arztes, respektive ins Kühlhaus, dann könnte ich mir in aller Ruhe über die Feiertage überlegen, wie es weiter geht. Das schien mir im Moment das Vernünftigste, obwohl es mir unendlich schwergefallen ist, meinen Hund über Weihnachten im Kühlhaus zu lassen.

Mein Engel ist endlich erlöst

Ich stand auf, umarmte ein letztes Mal meinen über alles geliebten Hund. Auf dem Flur überreichte man mir eine Tüte mit ihren Habseligkeiten. Halsband, die Leine, ihren Lieblingsteppich, mit den besten Wünschen für Weihnachten. Die werde ich bestimmt haben, da müsst ihr euch keine Sorgen machen.

Ich glaube, ich habe keine Tränen mehr
Als ich aus der Klinik ging, war ich völlig aufgelöst, vor lauter Tränen. Ich stand da, mutterseelenallein ohne Hund und das nach neun Jahren. Ich konnte es nicht fassen. Es war für mich unglaublich, ich schaute zurück und der Gedanke, dass in der Klinik mein Engel im Kühlhaus liegt, unerträglich. Und ich war derjenige, der sie hierher gebracht hat. Sie ist im guten Glauben an ihr Herrchen mitgekommen. Wahnsinn! Ich habe Ihr Vertrauen völlig missbraucht, kam mir schlecht und fies vor.

Ich rief den Piloten an
Sie waren im nahe gelegenen Café und wollten sofort kommen, damit wir zurückfliegen können. Ich lief die Straße entlang, völlig in Gedanken versunken. Als ich zum Hubschrauber kam, waren viele Menschen da, denn das gab es bestimmt nicht oft, dass mitten auf dem Sportplatz eine Maschine landet. Einige der Leute wollten wissen, wieso und warum. Ich war außerstande eine Antwort zu geben. Wollte so schnell wie möglich von hier fortfliegen.

Dann kam endlich die Crew
Der Pilot schaute entsetzt und der junge Flugbegleiter fragte, wo mein Hund wäre. „Wir müssen alleine fliegen." „Wann holen wir ihren Hund ab?" „Gar nicht mehr!" Er realisierte es nicht sofort, was passiert war. Da sagte der Pilot „Es tut mir sehr leid." „Dan-

ke, lassen sie uns fliegen!" Ich war froh, als die Rotorblätter sich schneller drehten und wir nach wenigen Minuten abhoben. Ich hätte nicht mit dem Auto oder Zug nach Hause, zu meinen Eltern fahren wollen. Das war die einzig vernünftige Entscheidung gewesen. Auch mein Engel hatte dadurch keinen Stress gehabt.

Wenige Minuten später waren wir in der Luft
Ich konnte es nicht glauben, vor wenigen Stunden sind wir zu viert geflogen und nun zu dritt. Es war ein Schweigeflug, ich tief in Gedanken und in meinem Herzen ganz fest bei meinem Engel. Mir kam in den Sinn, ihr durch das Fliegen im Himmel näher zu sein. Welch ein Blödsinn, da war bereits St. Moritz unter uns und wir setzten zur Landung an. Normalerweise liebe ich das Fliegen über alles, nur heute hatte ich keinen Sinn dafür.

Alleine im Auto
Ich saß im Auto und die Tränen liefen schon wieder. Ich konnte nicht gleich fahren, stieg aus und lief einige Schritte, bis ich mich einigermaßen beruhigt hatte. Dann fuhr ich los, jedoch nicht zu meinen Eltern. Dumme Sprüche waren das Allerletzte, was ich im Moment ertragen konnte. Ich fuhr durch die Gegend, außerstande einen vernünftigen, klaren Gedanken zu fassen. Fortlaufend liefen mir die Tränen in Sturzbächen herunter.

Zwei Stunden später ging ich nach Hause
Ich musste mich ablenken und habe gedacht, am besten ist ein wenig Bewegung. Ab auf die Langlaufskier, in die freie Natur. Bei den Eltern in der Wohnung wollte ich nicht bleiben. Zum guten Glück waren diese gerade laufen. Schnell zog ich mich um, schnappte die Skier und lief sofort hinter dem Haus los. Nur raus, nicht eingesperrt sein.

Unter vielen Tränen zog ich meine Bahnen
Am späten Nachmittag kehrte ich zurück. „Ja, wo warst du, was

ist passiert?" Mir liefen schon wieder die Tränen herunter und ich verzog mich in mein Zimmer. Mutter hinterher. „Komm jetzt, heute ist doch Heiligabend, setz dich dazu!" „Lasst mir meine Ruhe, ich möchte für mich sein!" „Das kannst du doch heute, an Weihnachten nicht machen. Das darfst du uns nicht antun. Komm jetzt!" Ich drehte mich um und legte mich ins Bett. Dass was ich heute erlebt habe und da sollte ich wegen Weihnachten so tun, als wenn nichts passiert ist. Ich glaube, die spinnen wohl alle. Hauptsache der Schein wird gewahrt.

Plötzlich ging wieder die Tür auf

Meine Schwester stand an der Tür „Komm, es gibt Abendessen, es sind schon alle da." „Nein, ich will meine Ruhe!" „Ach komm, wir fahren am 27. ins Tierheim und holen dir einen neuen Hund." Das war wohl der Oberhammer, mein Engel ist noch nicht lange tot, da soll ich mir einen anderen Hund holen. Was ist denn das für eine Familie? Was sind das für eiskalte Menschen? Wie kann man über so wenig Gefühl verfügen?

Die nächsten Tage waren grausam

Es verging keine Minute, in der ich nicht in Gedanken bei meinem Hund weilte. Die Tage zogen mit einer Trauer und dem Gedanken ins Land, was ich mit ihr alles unternommen hätte. Ich war immer alleine unterwegs, am Spazieren, am Langlaufen, bin jedoch nie zu der Stelle hin, wo mein Schatz ausgerutscht ist. Viele Leute, die ich kannte, fragten mich wo mein Hund ist. Das war mühsam und sehr schmerzhaft, erinnerte mich permanent an Maitali.

Ich telefonierte mit dem Tierarzt
Teilte ihm mit, dass ich noch keine Lösung gefunden habe. Er meinte, dass ich mir Zeit lassen kann. Eine Alternative wäre, sie kremieren zu lassen. Dazu würden sich immer mehr Leute entscheiden. Für mich der Gedanke, dass mein Hund verbrannt wird, unglaublich. Das wollte ich nicht. Verbrennen, ein Ding der Unmöglichkeit. Ich konnte es mir nicht vorstellen, meinen Schatz kremieren zu lassen.

Ich suchte nach dem Ei des Kolumbus
Das gab es aber nicht. Ich rief bei Tierpräparatoren an, wenn man wilde Tiere ausstopfen kann, müsste es mit einem Hund auch möglich sein. Alle waren total ehrlich, würden gerne das super Geschäft mitnehmen. Aber ich wäre danach total geschockt, mein Hund wäre nicht der Gleiche. Sie hätten das schon in etlichen Fällen erlebt. Es würde auch mehrere Monate dauern. Aber wenn ich es unbedingt will, machen sie es, wenn auch ungern. So begrub ich den Gedanken. Im Nachhinein fand ich es sehr schön, dass sie alle so ehrlich waren. Denn das Präparieren kostet doch einige tausend Franken und wäre ein schnelles Geschäft gewesen.

Es blieb nur noch eines, sie im Garten zu beerdigen

Je länger ich darüber nachdachte, desto weniger kam es für mich in Frage. Unabhängig vom Zoll und der Reise. Der Tierarzt schickte mir ein Prospekt eines Krematoriums für Tiere in der Schweiz. Ich rief die Leute an und wollte genau wissen, wie es vonstatten geht. Es gab die Alternative, die Asche auf dem Tierfriedhof zu zerstreuen, oder ich bekomme sie geschickt. Die Frau war sehr nett und kompetent am Telefon. Sie hatte tröstende Worte. Anders als ich es von anderen Bestattern kenne. Ich wollte es mir in Ruhe überlegen. Sie meinte, ich dürfte jederzeit anrufen, wenn ich weitere Fragen hätte.

Was tun mit der Asche

Das war die nächste Frage. Die meisten Menschen würden die Asche an der Lieblingsstelle des Tieres, im Freien zerstreuen oder begraben. Es gab auch die Möglichkeit einer schönen Urne und diese dann zu beerdigen. Ich entschied mich schlussendlich für eine traumhafte Holzkugel. Diese steht heute noch auf meinem Schreibtisch im Büro. Auch wenn das wiederum einige Leute makaber finden. Nun, das ist nicht mein Problem. Ich bin froh, dass ich sie für immer bei mir haben darf. Das gibt mir ein sehr gutes Gefühl. Ich streichle die Kugel, rede ein paar Worte mit ihr. Es tut gut und ich kann es jedem empfehlen. Auch wenn es im ersten Moment ein wenig komisch sein mag.

Meine Trauer war nicht zu bremsen

Der Verlust meines Hundes war übermächtig. Er begleitete mich Tag und Nacht. Mutter versuchte anzudocken und Vater ging ich aus dem Weg. Das war die einzige Möglichkeit. Zurück nach Deutschland, in das leere Haus wollte ich im Moment auf keinen Fall. So war ich wenigstens in meiner Traumheimat St. Moritz. Ich lenkte mich durch Spaziergänge und Sport etwas ab.

Da wurde ich unsanft ausgebremst
Ich joggte täglich, auch am Silvestertag. Völlig in Gedanken versunken, rutschte ich aus und flog mit voller Wucht auf den Rücken. Sofort hatte ich riesige Schmerzen im Knie. Ich konnte es zuerst überhaupt nicht fassen, was da gerade mit mir passiert war. Ich versuchte aufzustehen, fiel jedoch wegen des wahnsinnigen Schmerzes erneut hin. Ich konnte nicht richtig auftreten, weil ich auf einer dicken Eisplatte lag.

Ich realisierte, dass mit meinem Knie etwas nicht stimmt
Da war etwas passiert. Ich konnte es nicht mehr bewegen, wollte aufstehen, das ging nicht. Von einer Minute zur anderen, hatte ich andere Gedanken, dachte nicht permanent an Maitali. Jetzt ging es um mich. So traurig und tragisch, was ist mit meinem Knie los? Endlich schaffte ich es aufzustehen. Spaziergänger wollten mir helfen, ich lehnte dankend ab. Der Schock und der Schmerz, ich musste mich erst zurechtfinden. Ich wollte meine Ruhe und mich erst sammeln, nicht sofort mit der Ambulanz in die Klinik gefahren werden.

Ich brauchte für 200 Meter eine Stunde

Humpelnd bewegte ich mich vorwärts. Nach gut einer Stunde hatte ich es endlich begriffen, dass ich zum Arzt musste, am besten in die Privatklinik. Aber nicht im Krankenwagen. Ich bestellte mir ein Taxi und ließ mich zur Klinik fahren. Dadurch fühlte ich mich unabhängiger. Dort konnte ich erst einmal warten, denn permanent kam ein Krankenwagen mit Verletzten angefahren. Auch der Hubschrauber landete mehrmals mit Schwerverletzten, die auf der Skipiste gestürzt waren.

Endlich war ich an der Reihe

Das Ergebnis der Untersuchung war nicht gut. Dann MRT und es war klar, Kreuzbandabriss und Meniskus kaputt. Gleich operieren! Nun, da ich ein Angsthase bin, lege ich mich bestimmt nicht sofort unters Messer. Nie und nimmer. Da war noch eine andere Frau mit der gleichen Diagnose im Raum, die wurde am selben Tag operiert. Ruckzuck ging das hier.

Der Arzt wollte ein ernstes Wort mit mir reden

Wie gefährlich und überhaupt, dass damit nicht zu spaßen wäre. Wenn man es nicht macht, bleiben Folgeschäden. Bei zu langem Warten, könnte man nicht mehr operieren. Spätester Termin wäre Morgen, der 1. Januar um 11.00 Uhr. Nun, wir einigten uns darauf, obwohl er nicht damit einverstanden war.

Mit einer Schiene am Bein, durfte ich gehen

Tolle Schmerzen, das Bein geschient und mit Stöcken, übte ich mich im Gehen. Eine kurze Lektion, wie man mit Krücken bei Schnee und Eis zu laufen hat. Na super, dann ging es mit dem Taxi nach Hause. Welch ein Drama! Vorwürfe, wie man nur so blöd sein kann und nicht besser aufgepasst hat. Ich hatte für abends einen Tisch mit Freunden zum Essen reserviert, da bin ich trotz meiner Verletzung hingegangen. Ich wollte Silvester nicht bei meinen Eltern, mit ihren ewigen Vorwürfen verbringen.

Die Nacht war schrecklich
In doppelter Hinsicht, einmal die Schmerzen und die Angst vor der Operation. Ich sollte nach dem Eingriff noch fünf Tage im Spital bleiben. Kurz nach zehn Uhr am anderen Morgen, bin ich mit meiner gepackten Tasche einmarschiert, wollte jedoch, bevor ich mein Zimmer beziehe, nochmals mit dem Arzt sprechen. Er sagte mir, was alles passieren kann und das ich unterschreiben muss. Dazu hatte ich aber keine Lust. Ich unterschreibe doch nicht diesen Schwachsinn. Volles Risiko bei mir! Danach schaute ich mir kurz das Zimmer an, furchtbar und schrecklich. „Nein lieber Herr Doktor, ich lass mich nicht operieren!" So etwas Stures wie mich hätte er in seiner Laufbahn noch nie erlebt. Das war mir egal.

Dann lenkte er ein
Für ihn war es nun okay. Mit mir war kein riesiges Geschäft zu machen, aber wenigstens ein kleines. Ich musste jeden Tag zum Punktieren und zur Krankengymnastik. So verging ruckzuck eine Woche, bis ich mich auf den Rückweg nach Deutschland machte.

Grausam und schrecklich die Ankunft
Mir liefen die Tränen die Wangen herunter. Ich kam im Geschäft an, alles von meinem Schatz war weggeräumt. Der Gedanke, dass sie mich nicht begrüßen kommt, nie mehr schwanzwedelnd auf mich stürzt, unerträglich. Es war eine zweite Welle an unendlicher Trauer, die mich traf.

Zum guten Glück fiel ich hin
Dadurch war ich wenigstens die nächsten Wochen, mit meiner Therapie beschäftigt. Ich habe intensiv daran gearbeitet und zum Schluss doch mit meinem Bauchgefühl recht gehabt. Ich lebe bereits seit sechs Jahren, ohne Operation wunderbar und beschwerdenfrei. Selbst sportlich bin ich wieder aktiv.

Die meisten denken in Problemen, anstatt in Lösungen

Wenn Sie mein Buch bis hier gelesen haben, können Sie eines feststellen „Gehe deinen Weg und diesen unbeirrbar!" Das ist meine klare Botschaft. Es hat sehr stark mit der eigenen Persönlichkeit zu tun. Finden Sie den für Sie gangbaren Weg und lassen Sie sich von niemandem beirren. Sie kennen Ihren Weg und diesen gehen Sie.

Diese ewigen Manipulatoren

Es ist schlimm, wenn andere Menschen versuchen, uns in irgendeiner Form zu manipulieren. Nun denn, sie versuchen es und wir sind diejenigen, die das zulassen oder abblocken. So einfach ist das Prinzip. Wir sind nicht dazu gezwungen, das Theater mitzumachen. Es ist wichtig, eine eigene Meinung zu haben und diese zu vertreten.

Arbeiten Sie an sich

Leider wurde uns im Laufe unseres Lebens das Rückgrat ein wenig geschwächt, anstatt aufzubauen. In erster Linie wäre es die Aufgabe der Eltern gewesen. Danach des Kindergartens, der Schule, der Lehre oder des Studiums. Das ist der ideale Weg! Als Kind waren wir am Anfang richtig gut drauf. Wir hatten Selbstbewusstsein, keine Beschränkungen und Konventionen. Je älter wir wurden, desto stärker fing es an.

Finden Sie Ihre Ideallinie

Ohne „Wenn und Aber," nur für Sie. Und wenn die ganze Welt um Sie herum meint, Sie wären völlig abgedreht oder komisch, dann wissen Sie, dass Sie auf dem richtigen Weg sind. Ist das nicht wunderbar? Den verfolgen Sie mit großer Vehemenz. Ihr Leben ist das Kostbarste, was Sie erhalten haben. Bleiben Sie bitte dran, im unerschütterlichen Glauben, voller Power und Tatendrang.

„Lassen Sie sich von niemandem beirren!!!!"

Leider denken fast alle in Problemen

„Pass auf, tue dies nicht, tue das nicht!" Sicherlich kennen Sie dies zur Genüge. Vielleicht gehören Sie auch zu diesen Spezies. Arbeiten Sie an sich und machen Sie sich frei davon, denn wer in Problemen denkt, lebt in Problemen. Denken Sie in Lösungen, suchen Sie für sich das „Beste!"

Es gibt immer einen Weg

Solange Sie am Leben sind, gibt es einen Weg. Erst wenn Sie 1,80 Meter unter der Erde liegen, werden Sie keine Probleme mehr haben. Dann haben Sie es wahrhaftig gepackt. Solange Sie aber hier auf Erden weilen, leben Sie bitte Ihr Leben.

Das Leben ist weder gut, noch schlecht

Das Leben ist genau das, was Sie daraus machen. Sie haben es tagtäglich in Ihrer eigenen Hand. Können aus dem heutigen Tag eine große Meisterleistung machen, oder wieder einmal herumbasteln und abends frustriert zu Bett gehen. Die gesamte Bandbreite steht Ihnen Tag für Tag zur Verfügung.

Mir ist es egal, was andere Menschen denken

Das ist eine Eigenschaft, die Sie sich unbedingt zu eigen machen sollten. Denn wer auf andere achtet, kommt zu kurz und geht unter. Es ist Ihr Leben und Sie haben dieses nur ein einziges Mal. Außer Sie glauben an die Wiedergeburt, dann ist es natürlich eine andere Geschichte. Darauf würde ich mich persönlich aber nicht verlassen.

Unsere verfluchten, negativen Glaubenssätze
Bis ein junger Erdenbürger sein 18. Lebensjahr erreicht hat, hört er 100 Mal mehr Negationen, als Positives. „Das ist eine Katastrophe!" So gestärkt, ironisch gemeint, soll er jetzt ins Leben hinaustreten und eine Meisterleistung vollbringen. Am Schlimmsten sind oft die Leute aus den eigenen Reihen. Das ewige gebetsmühlenartige Wiederholen schafft irgendwann Wirklichkeit. Lesen Sie hierzu mein Buch „Hüte dich vor deinen Glaubenssätzen!"

Es gibt nichts Schlimmeres, als die eigenen Grenzen
Es ist das Schlimmste, was Menschen sich antun können, sich selbst einzuschränken, eigene Grenzen zu ziehen. Wenn es nach dem großen Wunsch und dem Willen meiner Eltern gegangen wäre, würde ich heute Briefträger oder Zugschaffner sein. Hat doch was, finden Sie nicht auch? Ich sah für mein Leben eine andere Dimension. Sehr zum Leidwesen meiner Eltern, die mit meiner Wahl und dem daraus resultierenden Leben nicht glücklich sind. Müssen Sie das? Ganz bestimmt nicht! Wenn sie ein Problem damit haben, ist es noch lange nicht meines, außer ich lasse es zu.

Ihnen muss es egal sein

Natürlich nur dann, wenn Sie nicht auf Kosten von anderen Menschen leben. Von denen gibt es genug, die sogenannten Nassauer einer Gesellschaft. Nehmen und niemals geben. Über die wollen wir nicht reden. Wenn Sie eine Meisterleistung vollbringen und für sich aufkommen, keiner leiden muss, weil Sie die Leute bewusst verletzen, ist es völlig legitim, dass Sie Ihren Weg gehen.

Kein leichter Weg

Sie benötigen viel Durchhaltevermögen, denn am Anfang werden Sie Gegenwind verspüren. Man wird krampfhaft versuchen, Sie auf den Pfad der Tugend zurückzuholen. Alles daran setzen, dass Sie wieder werden wie früher, leicht zu manipulieren. Da waren Sie angenehmer. Deshalb benötigen Sie ab sofort ein extremes Stehvermögen.

Wir führen keine Grundsatzdiskussionen

Noch eine enorm wichtige Botschaft, will ich Ihnen mit auf Ihren Weg geben. Bleiben Sie standhaft und vermeiden Sie unbedingt jegliche Form der Grundsatzdiskussion. Ich gehe davon aus, dass Sie sich bestens auskennen. Was bringen solche Manöver? Nichts, rein gar nichts, weniger als nichts. Es gibt keine Sieger, nur Verlierer bei einer Grundsatzdiskussion.

Wer diskutiert, verliert
Diesen Merksatz sollten Sie im Kopf behalten und jedes Mal, wenn Sie oder ein anderer dazu tendiert, mit Ihnen zu diskutieren, lehnen Sie es dankend ab. Schenken Sie sich dies, es kostet nur Lebenszeit. Die ist zu wertvoll, um sie mit so einem Schwachsinn zu verbringen. Da gibt es wichtigere Dinge zu tun.

Wie fühlt man sich nach so einem Lamento
Ausgebrannt und fertig, es gibt nur Verlierer. Es ist permanent das gleiche Spiel. Nehmen Sie diese Energie für sinnvollere Dinge in Ihrem Leben. Entziehen Sie sich sofort dem Bann von solch üblen Spielen. Es gibt Menschen, die lieben dieses Hauen und Stechen. Sie müssen da jedoch nicht mitmachen.

Jeder hat seine Sicht der Dinge
Damit aus seiner Sicht recht. Was wollen Sie darüber diskutieren? Der andere wird Sie nicht groß verstehen und umgekehrt. Das ist alles, und wenn Sie sich daran halten, bringt es eine wesentlich höhere Lebensqualität. Sie haben viel mehr Energie und Ihnen geht es dadurch richtig gut.

Mit dir kann man nicht diskutieren

Diese Aussage höre ich oft. Ja, dies ist völlig richtig, denn mir ist meine Lebenszeit und -qualität zu wertvoll, um sie mit solch unnützen Dingen zu vergeuden. Ich habe es früher bis hin zum Exzess gemacht. Jetzt schon lange nicht mehr. Dadurch lebe ich in Harmonie und Frieden.

Passen Sie gut auf sich auf

Passen Sie gut auf sich auf und lassen Sie sich von niemandem, absolut niemandem, auf Ihrem Lebensweg beirren. Sie werden für alles was Sie tun und was Sie nicht tun, zur Verantwortung gezogen. Sie haben sich ein Leben lang, von jetzt bis zum Ende. Sorgen Sie dafür, dass Sie mit sich auskommen, glücklich und zufrieden Ihr eigenes Leben leben. Das ist das Wichtigste für Sie auf dieser Erde.

Ich wünsche Ihnen alles Liebe und Gute

Jetzt kommen wir zum Abschied, das Buch neigt sich dem Ende zu. Ich danke Ihnen von Herzen, dass Sie mich begleitet haben. Ich wünsche Ihnen alles Liebe und Gute, auf Ihrem Lebensweg. Stehen Sie zu sich, bleiben Sie sich treu. Verkaufen Sie Ihre Seele nicht, für niemanden. Halten Sie zu Ihren Vierbeinern, denn diese benötigen Sie, haben niemand anderen.

Wenn es klemmt, Sie nicht weiter wissen, melden Sie sich. Am besten per E-Mail. Wenn Sie das ganz Besondere für Ihren Vierbeiner tun wollen, lernen Sie die Doggy-Wellness-Techniken. Damit können Sie Ihrem Schatz viel Gutes tun und bekommen dadurch noch einen wesentlich engeren Kontakt.

Besuchen Sie uns auf der Homepage
www.doggy-wellness.de

Sehr interessant für Sie, ist unser Blog, unter www.crameriblog.de, oder unser Forum über „Einschläfern!" unter www.einschläfern.com.

In diesem Sinne das Beste für Sie und Ihren Engel.

Ihr Ernst Crameri

P.S.   Weitere Bücher finden Sie unter www.bücherverlag.com und ein kleiner Auszug auf den nachfolgenden Seiten.

Ein kleiner Auszug aus unseren Werken

Ein Millionär als Traumpartner

Partnerschaftsratgeber gibt es in Hülle und Fülle. Trotz des prasselnden Feuerwerks an gut gemeinten Informationen und Richtlinien, scheinen die Menschen ihr Verhalten nicht anzupassen und werden in Beziehungen immer unglücklicher und unglücklicher.

"Ein Millionär als Traumpartner" packt dieses Problem von einer ganz neuen Seite an. Es wird ganzheitlich vorgegangen. Anstatt den Menschen Vorschriften zu machen, wird ihnen ein Spiegel vorgehalten, der klar macht, wo die Ursachen für die Umsetzungsprobleme liegen.

Weitere Bücher finden Sie unter www.bücherverlag.com

Fange endlich an zu leben

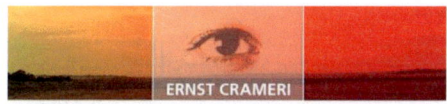

Ein Titel, welcher schon lange fällig war. Die meisten Menschen leben leider, als hätten sie ein ewiges Leben. Vieles wird immer wieder auf irgendwann verschoben. In der Hoffnung, dass es besser wird oder sich so manches von alleine erledigt.

Dem ist aber leider nicht so „Von nichts tut sich auch nichts!" Das Buch geht ans Eingemachte. Um klare Fakten, endlich sein Leben voll und ganz in die eigenen Hände zu nehmen und für sich selbst Verantwortung zu tragen.

Weitere Bücher finden Sie unter www.bücherverlag.com

Wahrheit und Klarheit im Kosmetik- und Wellness-Institut

Hier geht es um viele Fakten in der Wellness-Branche. Was oft als Wellness verkauft wird, hat fast überhaupt nichts damit zu tun. Eine klare Abrechnung mit vielen schwarzen Schafen, die leider eine wunderbare Branche in hohem Maße durch Ignoranz und Inkompetenz, in Misskredit bringen.

Dies muss wahrhaftig nicht sein. Das Buch dient für Wellness-Bewusste als klare Entscheidungshilfe, was zu erwarten und auch einzufordern ist. Genauso, was zu tun ist, im Falle von schlechter Leistung. Es geht um mündige Bürger, die ihre Rechte und Pflichten klar kennen. Für die Fachwelt dient das Buch als Unterstützung sich danach richten zu können, was alles wichtig ist, um zum Erfolg zu gelangen.

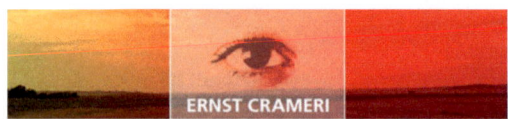

Weitere Bücher finden Sie unter www.bücherverlag.com

Horror
Eingewachsene Zehennägel

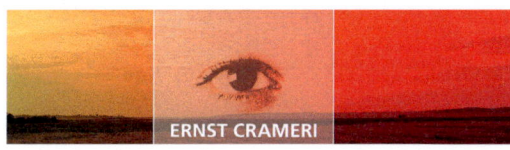

Horror
Eingewachsene Zehennägel

Woher kommen eingewachsene Nägel

Was können Sie dagegen tun

Wertvolle Tipps aus der Praxis

Der Horror für jeden, der schon einmal in den Genuss eines eingewachsenen Zehennagels kam. Das dünnste Leintuch ist oft eine große Qual. Schmerzen ohne Ende. Angefangen mit leichtem Einwachsen, bis hin zu den schlimmsten Entzündungen. Leider ist das Verständnis für diese Störung überhaupt nicht vorhanden.

Sowohl der Laie als auch die Fachwelt setzen des Öfteren viele große Fragezeichen. Schade, denn durch eine Nagelspangenkorrektur, wie man sie auch aus der Zahnmedizin kennt, ist sehr wohl Abhilfe zu schaffen. Ein Buch für den Profi wie den Laien, sich hier zu recht zu finden.

Weitere Bücher finden Sie unter www.bücherverlag.com

Ihre Zusammenfassung: